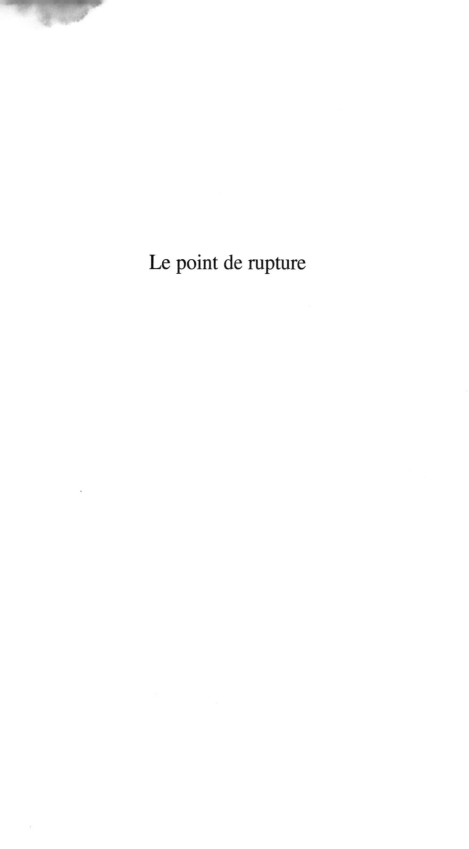

Le point de rupture

DU MÊME AUTEUR
AUX ÉDITIONS ALBIN MICHEL

Se guérir grâce à ses images intérieures, 2006
Avec Nicolas Bornemisza

Vers l'amour vrai.
Se libérer de la dépendance affective, 2007

OUVRAGES PRÉCÉDENTS DE MARIE LISE LABONTÉ

Au cœur de notre corps. Se libérer des cuirasses, 2002
Éditions de l'Homme

Se guérir autrement, c'est possible.
Comment j'ai vaincu la maladie, 2001
Éditions de l'Homme

Mouvements d'éveil corporel : naître à son corps, 2001, 2004
Éditions de l'Homme

Déclic : transformer la douleur
qui détruit en douleur qui guérit, 2004
Éditions de l'Homme

Pour toutes informations concernant les activités
de Marie Lise Labonté, veuillez contacter :

Productions Marie Lise Labonté inc.
CP 1224 Succursales Desjardins.
Montréal-Québec-H5B1H3
Canada : (001) 514 286 9444
Europe : (33) 6 24 12 31 36
Courriel : info@marieliselabonte.com
Site web : www.marieliselabonte.com

MARIE LISE LABONTÉ

Le point de rupture

Comment les chocs d'une vie nous guident vers l'essentiel

Albin Michel

Ouvrage présenté par Michel Odoul

Ce livre est paru au Québec, aux Éditions de l'Homme,
sous le titre :

Le choix de vivre.
Comment les épreuves d'une vie nous guident vers l'essentiel.

À toi, Julie, ma nièce chérie.
Ensemble, nous avons rencontré l'inimaginable.
Je souhaite que ce livre puisse inspirer
ta propre voie de guérison.

À la famille de Robert.

À Justin, son fils.

À Philippe, mon neveu, qui était présent lors du drame.

À ma famille.
Que ce livre puisse déposer un baume sur votre rencontre
avec le point de rupture.

À tous les témoins de ce livre qui ont eu le courage de
partager ce qu'ils ont vécu face à la perte de leur essentiel.

Sommaire

Avant-propos

Un coup de feu dans la nuit et tout bascule. L'être que je suis n'est plus. L'autre, qui m'accompagne, disparaît dans une forme qui m'est inatteignable. Ma vie vient de se dissiper en centaines de morceaux, comme les éclats de balle dans le corps de mon amour. Le missile vient de traverser sa chair et ses tissus. Tout comme l'artère vitale qui vient d'être perforée et dont le sang s'épanche, ma force vitale saigne. Où est-il ? Et où suis-je ? Où est la réalité que je connaissais il y a quelques minutes ? Où est ma vie, la vie que j'avais l'impression de connaître et de posséder ? Où est la vie de l'autre que je pensais connaître ? Il n'y a plus rien que mon cerveau qui fonctionne comme un robot pour donner les premiers soins, appeler les urgences et donner à l'autre le plus grand geste d'amour : l'appeler. L'appeler pour qu'il revienne à la vie, pour qu'il ne cède pas au royaume des morts, pour qu'il ne quitte pas ce monde qui lui échappe déjà, l'appeler vers ce que je crois être l'essentiel pour lui : continuer de vivre. Non ! Il est trop tard, je dois le laisser aller... Je n'existe plus, il n'y a que l'autre qui existe dans sa non-existence. Je suis réduite à la survie...

Extrait de mon Journal de deuil, Paris, octobre 2001.

Je suis celle qui a écrit ces lignes en octobre 2001, à Paris. De ces lignes, un livre est sorti. Je vous présente cet ouvrage en toute humilité et conscience. Intérieurement, j'ai mis des années à l'écrire car j'ai mis des années à me sortir de l'éclatement que cette épreuve a provoqué. Petit à petit, j'ai ramassé les parties de moi-même qui étaient semées aux quatre vents et, petit à petit, j'ai réintégré mon âme. Semblable à Isis qui part à la recherche des parties éparses du corps d'Osiris, son époux, pour lui insuffler la vie[1], j'ai ramassé, grâce à vingt et un rêves, les morceaux du corps de mon époux pour lui redonner chair et le remettre en vie dans mon monde onirique. Ce livre est à l'image de ce processus de réappropriation qui débute par la certitude qu'il existe une vie avant l'épreuve, une vie pendant l'épreuve, et une vie après l'épreuve. Ces trois moments passent par un point de rupture et un choix de vivre. Le point de rupture est le moment où nous sommes obligés de nous délester de notre passé, de notre vie d'avant, pour avancer – ce moment où nous sommes invités par la vie elle-même à lâcher notre désarroi devant l'épreuve pour aller vers l'action. Le choix de vivre est le moment où nous agissons à partir de nos profondeurs pour aller vers une vie nouvelle, une vie reliée à l'essentiel.

Mon histoire est humaine et elle n'est pas unique, elle ressemble à celle de bien des gens sur cette planète, des gens qui ont connu des chocs qui, du jour au lendemain, ont fait basculer leur vie. Ces chocs les ont amenés à une mort, une rupture d'avec leur passé, leur vie d'avant, mais qu'en est-il de la vie

---

1. « Isis se mit alors à la recherche du corps d'Osiris [...] Mais Seth découvrit sa retraite et s'empara du cadavre d'Osiris, le dépeça en quatorze morceaux qu'il dispersa. Isis parvint à en rassembler treize et réussit à faire renaître Osiris ». Yvan Koenig, in *Dictionnaire de l'Égypte ancienne*, Encyclopædia Universalis, Albin Michel, 1998, p. 223. Pour en savoir plus sur l'histoire d'Isis et d'Osiris, consultez *Isis et Osiris*, de Plutarque, Éditions Guy Trédaniel, 2002.

pendant et après l'épreuve ? Toute épreuve qui nous amène à une cassure profonde ressemble à une initiation. L'épreuve de la perte est, pour certains, une réelle exhortation les incitant à vivre leur vie de façon différente, à se renouveler, à se transformer, à explorer des dimensions créatrices de leur être qui ne se sont jamais révélées à eux avant l'événement. J'ai accompagné, pendant des années, des gens atteints de maladies très graves dans leur processus de guérison. Certains sont morts guéris dans leur âme, mais leur enveloppe physique, leur corps, n'a pu suivre le processus de guérison ; d'autres ont vécu, comme le Phénix[1], une renaissance : une nouvelle vie a jailli de leurs propres cendres.

Je crois que ce choix extrême face à des événements chocs est tout simplement une réalité personnelle qui est la résultante d'une puissante rencontre avec la souffrance. Je ne porte aucun jugement sur le fait que certains choisissent de mourir face à l'insoutenable. Devant une souffrance intolérable, la maladie et la mort peuvent être des exutoires légitimes. Sortir de l'épreuve avec le désir d'aller rejoindre le royaume des morts ou avec le désir de vivre et d'être créateur de sa propre vie est un choix ultime qui n'appartient ni au médecin, ni à la famille, ni au thérapeute, mais bel et bien à celui ou à celle qui a vécu la perte.

Ce choix, dans un sens ou dans l'autre, est un acte courageux face à une réalité irréversible : l'événement nous a heurtés et notre vie ne sera plus jamais pareille. C'est une réalité difficile à vivre. *Notre vie qui ne sera plus jamais pareille* questionne notre relation à notre âme, à la vie, et à l'univers.

Je me suis souvent mise à la place de l'être en face de moi

---

1. « Animal fabuleux, oiseau unique de son espèce, qui vivait plusieurs siècles et qui, brûlé, renaissait de ses cendres. » (Le Petit Robert, 2007). Il symbolise ainsi les cycles de mort et de résurrection.

qui pleurait ce qu'il avait perdu. Je tentais de comprendre cette blessure violente qui résulte de la douleur de la perte, de la séparation – et qui est suivie de sentiments d'abandon et de trahison. Le 23 décembre 2000, j'étais arrivée à la conclusion que les épreuves, qu'elles soient consécutives à une mort violente ou à une mort lente, une perte subite ou annoncée, suscitaient une blessure vive : brûlure au quatrième degré et déchirure dans l'âme quasi irréparable pour certains ; amputation sans anesthésie pour d'autres ; mort intérieure pour d'autres encore. Le 23 décembre 2000, à vingt-trois heures quarante-cinq, lorsque je me suis mise au lit avec mon époux, j'étais loin de me douter que cette initiation frapperait une heure plus tard à la porte de ma chambre. Mais à minuit, nous dormions du sommeil des innocents...

Ce que j'aurais tant voulu éviter est arrivé malgré moi, malgré mon désir de tout contrôler, malgré les « mais si... », malgré la prémonition que j'avais de la tragédie, malgré l'innocence de mon enfant intérieur, malgré la légèreté de mon être, malgré la nuit étoilée, malgré le vent dans les palmiers entourant notre demeure, malgré la porte de notre chambre verrouillée. Malgré tout cela, l'inévitable est arrivé.

Ce livre est avant tout une réflexion profonde sur les conséquences en soi et autour de soi de la perte d'un être ou de quelque chose en qui, en quoi, nous avions déposé notre essentiel. Ce livre s'inspire de la possibilité que nous avons de transformer la cassure, la rupture en quelque chose de créateur, de vivant et d'amoureux... ce qui ressemble intrinsèquement à mourir pour renaître de nos cendres, comme le Phénix. J'ai écrit ce livre en toute connaissance de la femme qui est en moi, de l'amante vibrante de sensualité, de la survivante épuisée, de la psy qui avait reconnu en elle et chez d'autres les dimensions de la mort et de la vie. J'ai écrit ce livre pour partager ce que j'ai vécu, découvert et appris lors de cette initiation. J'ai écrit ce livre avec la certitude que la vie et la mort sont le même fil conducteur de cet acte d'amour qu'est le simple fait d'exister.

Cet ouvrage fait partie d'une étape de ma propre guérison, il est l'expression d'un appel à la conscience, cette conscience qui nous dit qu'il existe dans la vie, dans la mort et dans l'amour, un mystère. Ce mystère peut paraître insoutenable pour des parties de nous-mêmes qui veulent tout contrôler.

J'ai appris à vivre avec ce mystère. J'ai appris à recevoir l'initiation de l'épreuve, et je continue à apprendre.

J'ai choisi de vivre.

Sainte-Lucie-de-Porto-Vecchio, Corse,
23 mai 2009

Introduction

Nous n'avons qu'une connaissance fragmentaire de cette chose extraordinaire qu'on appelle la vie ; jamais nous n'avons regardé la souffrance, si ce n'est tamisée par l'écran de nos lignes de fuite ; jamais nous n'avons vu la beauté, l'immensité de la mort, et nous ne la connaissons qu'à travers la peur et la tristesse [...] en vérité, bien que nous fassions une distinction entre eux, l'amour, la mort et la souffrance sont identiques ; car assurément l'amour, la mort et la souffrance sont l'inconnaissable[1].

De la vie et de la mort, de Krishnamurti, a été mon livre de chevet pendant les deux années qui ont suivi l'assassinat de mon époux. Les mots du maître étaient un baume sur ma douleur ; ils m'aidaient à comprendre combien il est important de lâcher prise, de laisser aller ce qui est inexplicable, incontrôlable : le mystère de l'amour, de la vie et de la mort.

Avant cette épreuve, j'avais déjà vécu une autre épreuve, celle de la maladie qui menace l'intégrité du corps physique. Ces deux épreuves m'ont amenée à me découvrir. Elles

---

1. Jiddu Krishnamurti, *De la vie et de la mort*, « Les grands textes spirituels », Éditions du Rocher, 1994.

furent de réels passages initiatiques où je me suis retrouvée dans un labyrinthe qui pouvait m'entraîner vers la déchéance et la mort physique. Chaque fois, j'ai vécu, à peu de chose près, le même processus que celui décrit dans ce livre. Tel un noyé qui se débat, je n'osais pas prendre conscience du passage initiatique devant lequel je me trouvais : le choix d'en sortir ou d'en crever. Devant ces épreuves, j'ai réagi avec toute mon histoire, mon passé, ma connaissance de ma vie et de mes systèmes de croyances. Je leur ai même donné une couleur, une odeur, des sensations, j'ai bâti autour d'elles un univers soumis à l'esclavage. Oui, je suis devenue esclave de ces épreuves. Ces moments douloureux m'avaient tellement démolie que j'étais morte à qui j'étais.

Puis, sans relâche, je me suis reconstruite, jusqu'au jour où j'ai compris que cette construction reposait sur une réaction de survie à l'épreuve, et non à la vie. J'existais dans l'épreuve, non pour simplement exister. C'est là que j'ai compris que ces expériences dévastatrices m'avaient d'abord amenée dans les dimensions les plus sombres, pour me libérer ensuite du joug de la souffrance et me permettre d'aller à la rencontre du meilleur de moi-même. En me délestant des liens de l'esclavage que j'avais tissés autour de ces événements, j'ai rencontré la profondeur de l'amour et de la liberté. J'ai cessé de courir après la queue du dragon, c'est-à-dire de courir après l'image de ce qu'aurait dû être ma vie. J'ai cessé de vivre cette vie pour entrer dans la vie, pour tout simplement exister.

Pour appuyer le propos de ce livre, j'ai interviewé cinq personnes qui ont connu elles aussi une épreuve qui les a amenées au point de rupture – ce passage où nous n'avons plus rien à perdre – et qui les a incitées à choisir à nouveau de vivre. Ce point de bascule, ces êtres l'ont rencontré dans le diagnostic fatal d'une maladie, la mort accidentelle d'un enfant, le suicide d'un conjoint, la perte soudaine d'un emploi, et la fin d'un grand amour. Cette épreuve a changé totalement leur existence dans la mesure où elles se sont rencontrées et ont su tirer de leur expérience une autre façon de vivre. De l'horreur de ce qu'elles ont vécu, elles ont pu dégager un chemin qui les a amenées à vivre leur quotidien en présence du meilleur d'elles-mêmes.

Même si nous ne sommes pas tenus de vivre des événements dramatiques pour changer, la vie nous emmène parfois là où nous refusons d'aller. Elle nous indique un chemin non fréquenté – un réel pèlerinage à la rencontre de notre essentiel. Le voyage de chaque témoin présent dans ce livre lui a été propre. Nous ne pouvons pas comparer une souffrance à d'autres souffrances, et l'intensité du changement n'est jamais la même. Ce que ces témoins ont en commun, c'est qu'ils ont rencontré l'inimaginable, l'insoutenable, et qu'ils y ont puisé le pouvoir de transformer leur vie. Ce qu'ils ont de différent, c'est leur vie avant l'épreuve, l'épreuve elle-même, et le chemin qu'ils ont choisi d'emprunter. Certains d'entre eux ont sombré dans la maladie, car la souffrance engendrée était intolérable.

Avec humilité, ces témoins ont accepté de me communiquer leur expérience. J'ai posé à chacun les mêmes questions : je leur ai demandé de décrire l'épreuve, et leur vie avant et après l'épreuve. Je leur ai demandé de raconter les moments les plus difficiles, et les moments de grâce.

Ils ont accepté de témoigner de leur expérience dans l'amour et dans la plus grande humilité. Je les en remercie.

Anne a perdu son ex-conjoint, qui s'est suicidé dans la maison qu'ils ont habitée ensemble pendant plusieurs années. Elle s'était séparée de lui trois ans plus tôt, après avoir constaté qu'il était de plus en plus dépressif, et elle arrivait difficilement à prendre ses distances avec cette rupture, même

*si elle travaillait, en thérapie, sur sa relation de codépen-
dance à son compagnon. Le jour de la Saint-Valentin, elle a
reporté une invitation à dîner en tête à tête, ce qui a intensifié
et augmenté la colère que son ex-conjoint avait déjà accumu-
lée face à la vie et face à Anne. Quatre jours plus tard, il se
suicidait. Lorsqu'une amie du couple a contacté Anne parce
qu'elle n'arrivait pas à le joindre et qu'elle s'inquiétait, la
jeune femme a commencé à pressentir le drame. Arrivée à son
ancien domicile, elle a remarqué plusieurs indices laissant
présager la tragédie. Elle a appelé les urgentistes, qui ont
trouvé le corps, avec des papiers d'identité. La police a
constaté le décès. Anne n'a pas vu le corps. Comme elle avait
une formation à l'écoute et à la prévention du suicide, elle a
eu beaucoup de difficulté à assumer le fait qu'elle n'avait pas
su détecter les signes précurseurs annonçant le passage à
l'acte. Même si elle savait, intellectuellement, qu'il n'y avait
pas de relation de cause à effet entre l'événement de la Saint-
Valentin et le suicide, elle a développé une grande culpabilité.
C'est ainsi qu'elle a rencontré l'épreuve.*

*Éloïse a quitté son époux et sa fille pour aller vivre l'amour
de sa vie avec un homme plus jeune qu'elle. Malgré des trau-
matismes dans l'enfance qui l'ont amenée à croire que
l'amour lui serait fatal, elle a enfin osé s'abandonner à
l'amour. La rencontre avec cet homme lui a fait découvrir des
dimensions non explorées d'elle-même. Le nouveau couple a
commencé une nouvelle vie. Pendant ce temps, le divorce que
vivait Éloïse prenait des proportions inattendues. En proie à
un harcèlement continu de la part de son ex-mari, elle a
décidé, dans l'espoir d'alléger ce poids, de lui céder une
grande partie de son argent. Entre-temps, elle a découvert
qu'elle était atteinte d'un cancer du sein, pour lequel elle
devait subir une radiothérapie et une opération (légère).
Éloïse faisait face à l'épreuve de la maladie quand, soudaine-*

ment, elle a pris conscience du fait qu'elle ne recevait aucun soutien de la part de son nouveau compagnon, qui semblait fuir la réalité de la maladie. Une nuit, alors qu'elle était au téléphone avec son ex-mari qui ne cessait de la harceler, il a rassemblé ses affaires et l'a quittée. Elle s'est retrouvée seule pour affronter à la fois la maladie, la perte de son amour, son divorce pénible et sa conviction que l'amour est mortel.

__Guillaume__ était accompagnateur depuis sept ans dans une compagnie européenne très réputée pour ses voyages autour du monde. Hélas, un jour il a raté l'avion et laissé ainsi partir seul le groupe de vingt personnes qu'il était censé accompagner en Asie pendant trois semaines. Du jour au lendemain, il a perdu son emploi. Son employeur lui a demandé de « prendre une pause » et de se reposer. Au moment du vol manqué, Guillaume était sous l'emprise de stupéfiants. La perte de son emploi et le sevrage qu'il a entrepris ont été une dure épreuve.

__Laurent__, ostéopathe de profession, a reçu un jour le diagnostic d'une maladie auto-immune appelée spondylarthrite ankylosante. Lorsque cette maladie est apparue, Laurent, marié et père d'un enfant, considérait sa vie comme parfaite. Et voici que, soudainement, son existence d'homme et de père et sa vie professionnelle étaient menacées par cette spondylarthrite ankylosante qui bloquait son dos, son cou, ses épaules et ses poignets. Lorsque le diagnostic a été annoncé, Laurent avait déjà commencé un travail de développement personnel, au cours duquel il avait constaté, à sa grande surprise, que sa vie était loin d'être parfaite ! Cette épreuve l'a révélé à lui-même.

__Marie__ a perdu son fils de huit ans. Il se rendait à son entraînement de football lorsqu'il a été happé par une voiture. Il est mort d'un traumatisme crânien. Lorsque Marie s'est *rendue à l'hôpital, l'enfant était dans le coma. Il n'en est jamais sorti. Elle et son ex-mari ont accepté que l'on débranche l'appareil qui le maintenait en vie. Marie souffre d'une maladie dite auto-immune. À la mort de son fils, elle vivait déjà seule avec ses enfants : son mari l'avait quittée pour une autre femme. Elle était donc déjà en très grande souffrance physique et psychique lorsque l'épreuve est arrivée.*

Mon témoignage personnel, dans ce livre, se présente sous la forme d'extraits de mes journaux intimes : celui tenu pendant les années de mon processus de guérison d'une maladie dite incurable qui m'a tenaillée pendant quatre ans, et celui tenu après l'assassinat de mon conjoint.

À vingt et un ans, j'ai connu une première épreuve lorsque j'ai reçu le diagnostic fatal d'une maladie incurable, la polyarthrite rhumatoïde. À quarante-huit ans, j'ai vécu une seconde épreuve : ma nièce, mon époux et moi-même avons été agressés dans notre maison par un voleur. Ma nièce a été prise en otage. Le voleur a tué mon mari à bout portant. Ma nièce et moi sommes sorties indemnes de cette terrible agression.

Première épreuve. Quatre ans après le diagnostic, j'étais guérie. D'invalide que j'étais, j'avais retrouvé l'usage de ma jambe gauche. Les médecins n'ont plus détecté dans mon sang le facteur de la maladie auto-immune qui m'habitait.

Seconde épreuve. Huit ans après l'agression, j'écris ce livre pour témoigner qu'il est possible de se sortir d'une souffrance intolérable.

L'inimaginable, comme je l'appelle souvent dans cet ouvrage, peut nous frapper en tout temps. Nous nous croyons à l'abri des épreuves et nous vivons sur notre nuage doré, comme des êtres inatteignables. Nous oublions même de nous humaniser. Puis voici que survient l'épreuve. L'épreuve qui, soudainement, nous révèle que la souffrance existe, que la mort est à notre porte, et que ce que nous voulions éviter nous arrive afin que nous puissions apprendre de nos peurs et de ce que nous n'avons jamais osé imaginer.

Ce livre est destiné à tous ceux qui ont vécu une tragédie, et à ceux qui les côtoient.

Première partie

Le paradis de l'innocence

Nous avons besoin de nous construire et de mettre notre élan de vie en forme, en puissance, en identité. Nous avons besoin d'imiter plus grand que nous, de copier, et aussi d'être modelés par les forces qui nous entourent. Nous avons besoin d'être moulés pour correspondre aux espoirs que l'on projette sur nous, et aux rôles qui nous sont assignés. Nous avons besoin d'appartenir à un système qui se nourrit de la toute-puissance du «Je sais ce qui est bon pour toi». Et nous y arrivons, au prix de bien des efforts. Nous construisons un bonheur, un paradis de l'innocence et une structure qui nous donnent le sentiment d'exister. À l'aide de la force brute que nous avions à la naissance, nous construisons une prison dorée. Nous entretenons cette prison, nous l'embellissons pour qu'elle corresponde aux attentes de nos parents, de nos éducateurs, de nos enfants et de nos pairs. Nous entrons dans le moule du système, nous nous y confinons, puis nous préservons ce modèle pour maintenir le paradis de l'innocence. Ce moulage devient une prison, puis un château fort qui repose sur une construction illusoire de notre force primitive.

Nous croyons qu'ainsi est la vie.

1

Le modelage de la force

La force de vie, si belle et si brute lorsque nous la recevons lors de la conception, de la vie embryonnaire et de la naissance, nous aide à nous incarner. Elle est la vie dans son mystère profond – la vie qui habite l'infiniment petit comme l'infiniment grand. Elle est la vie qui permet au spermatozoïde de rencontrer l'ovule. Elle est aussi la vie qui habite le corps de notre mère et qui nous permet de nous développer du stade embryonnaire au stade fœtal.

> *La physique nous a appris que la matière, donc la vie, est énergie et que l'énergie est vibration. La métaphysique nous enseigne que la conscience est énergie […] la vie est donc conscience, la vie serait donc vibration […]. Voilà ce que nous pouvons appréhender de la force vitale, une formidable pulsation qui se manifeste […] dans des rythmes de fréquences différentes. Comme si la rencontre de deux forces opposées était la condition inévitable à la création permanente de l'Univers* [1].

Nous venons au monde avec une force primitive, instinctive, qui s'affine, petit à petit, tout au long de notre existence

---

1. Thierry Janssen, *Le Travail d'une vie*, Robert Laffont, 2001.

et qui rencontre sur son chemin d'expression des obstacles, des résistances, des morts et des renaissances. Nous ne questionnons pas cette force : elle est là, elle fait partie des mystères de la Vie. Certains naissent avec un grand potentiel vital, d'autres avec un potentiel altéré dès la naissance, soit par une maladie génétique, soit par des difficultés rencontrées dans le parcours de la vie intra-utérine. Le potentiel qui nous est donné est aléatoire. Toutefois, il existe et, inconditionnellement, il sert notre évolution. Comment allons-nous l'utiliser ? Ou encore, comment sera-t-il utilisé ?

En raison de notre fragilité et de notre dépendance, nous ne pourrions pas survivre à notre enfance si nous n'avions pas autour de nous des êtres pour nous porter, nous éduquer, nous modeler, nous façonner, nous nourrir et nous aimer. Nous sommes, avec eux, dans l'échange. Pour certains d'entre nous, cet échange est merveilleux : nous donnons à ceux qui nous entourent notre grâce, notre beauté, notre puissance tranquille, et nous recevons en échange le soutien, la base, la sécurité à laquelle nous nous accrochons pour commencer notre vie. Nous nous laissons modeler, mais nous modelons aussi ces êtres grâce à la vulnérabilité que nous réveillons en eux. Nous ouvrons leur cœur, nous les attendrissons, nous les émerveillons. Avec nous, ils retrouvent le mystère de la vie et de leur vie.

Mais pour certains d'entre nous, l'échange ne se vit pas, se vit peu, ou se vit très mal. Nous sommes peut-être nés dans une famille dysfonctionnelle où, pour des raisons qui appartiennent à la vie propre des êtres qui nous entourent et à leur lignée transgénérationnelle, existent déjà la souffrance, la maltraitance, la dureté. Nous tentons de partager notre grâce mais cette grâce n'est pas reconnue. Au contraire, elle attise chez les autres une douleur, un mal-être. Notre beauté est refusée, car trop gênante pour celui ou celle qui nous a conçus et mis au monde.

Ce qui, chez beaucoup de parents, aide à l'ouverture du cœur peut malheureusement provoquer chez d'autres l'effet contraire. La grâce de leur enfant est pour eux un miroir intolérable. Après l'avoir mis au monde, ils peuvent tout simplement nourrir le désir de le réduire à néant[1]. Il représente une expérience d'amour qu'ils ne sont pas capables de reconnaître et qu'ils ont envie de détruire car ils veulent détruire ce qui est en eux et autour d'eux.

Tout petits, nous sommes des poupées de caoutchouc tissulaire, mais nous sommes aussi des êtres énergétiques ; nous sommes vivants et, peu importe ce que nous avons vécu avant de naître, nous y avons survécu. Nous nous présentons au monde pour être modelés, soit dans un temps de paix, à l'image d'une famille unie, soit dans un temps de guerre, à l'image d'une famille éclatée, rigide ou dysfonctionnelle. Les apprentis sorciers et sorcières que sont nos parents, les sages que sont nos grands-parents et les mentors que sont nos éducateurs, nous accordent comme des instruments de musique, ou nous sculptent comme le ferait un artiste à partir de la matière brute. Débute alors la danse parentale, familiale et sociale au cours de laquelle on nous jette des bons ou des mauvais sorts. Ces sorts nous sont donnés sous forme de phrases et de gestes répétitifs : « Comme tu es belle et potelée ! », « Comme tu ressembles à maman ! », « Comme tu feras un bon avocat plus tard ! », « N'est-ce pas que tu seras un gentil garçon toute ta vie ?! ». Ou alors : « Comme tu es laid ! », « Comme tu es de trop ! », « Comme tu es pénible ! », « Comme je serais mieux sans toi ! », « Comme je dois te casser pour t'apprendre l'humilité ! ».

Ces alchimistes que sont nos parents ont fait ce qu'ils estimaient bon pour nous – des gestes justes ou injustes. Une chose est certaine, c'est qu'ils ont modelé nos premières

---

1. Françoise Dolto, *La Difficulté de vivre*, Gallimard, 1995.

années de vie sur terre. Ils avaient non seulement le devoir de nous façonner, mais la responsabilité de terminer leur tâche.

Ce temps de modelage occupe la petite enfance et l'enfance. Nous y passons tous et cela fait partie de notre chemin de vie. Si nous n'étions pas pétris par nos parents ou par les substituts parentaux tels les grands-parents, les oncles et les tantes, nous le serions par d'autres systèmes existants, comme les familles d'accueil et les orphelinats. Nous passons tous par cette étape de modelage et de transformation. Comme le dit le psychiatre Carl Gustav Jung : « Nous naissons indivisibles et nous rencontrons la division pour en venir plus tard à la réunification[1]. » Nous entamons ce qu'il appelle le « chemin d'individuation », soit le parcours d'une vie où nous quittons notre individualité profonde pour mieux la retrouver.

Nous modelons notre force pour épouser une identité déjà expérimentée par nos parents ou par le système familial environnant : « Tu seras comme moi, car ce que je suis est bien » ; ou pour épouser un idéal de perfection non assouvi de nos parents : « Mon fils, tu seras ce que je n'ai pas pu être. L'idéal que je n'ai pas pu atteindre, tu vas l'atteindre pour moi, ainsi je pourrai me réaliser à travers toi. » À travers ces projections, nous nous bâtissons une personnalité. Nous, petits bouts de force modelables, sommes grandement interpellés par l'accomplissement de ces objectifs fixés par nos parents pour nous. Notre force sert ces êtres qui nous entourent, elle peut même leur donner le sentiment d'accomplir ce pour quoi ils sont venus sur terre : « J'ai mon fils à élever » ; « J'ai ma fille qui vient de naître. Ma vie est transformée. »

Nous nourrissons ainsi les autres de notre force première, nous les éblouissons par notre beauté intrinsèque, nous les

---

1. Carl Gustav Jung, *Dialectique du moi et de l'inconscient*, « Folio essais », Gallimard, 1986.

humanisons, nous les fragilisons, même. Nous sommes amenés à partager notre lumière, à nous laisser prendre, à nous laisser modeler. Il ne peut en être autrement. Malgré ce don de notre être, ce qui est le plus difficile dans ce modelage de notre force est qu'il nous éloigne de nous-mêmes et construit le paradis de notre innocence.

Mon papa me répétait cette phrase dans mon enfance : « Le bon Dieu n'a fait qu'un moule comme le tien. » Cela me donnait l'impression d'être unique. De cette phrase, j'ai tiré cette conclusion : si le bon Dieu n'a fait qu'un moule comme moi, je suis donc unique et reconnue par mon papa. Je me suis bien identifiée à cette conclusion. Mon papa étant souvent absent, je m'accrochais à cette phrase pour exister dans son regard. Dès lors, j'ai tenté de correspondre à ce moule de perfection divine que je devais représenter, et je suis devenue une très belle petite fille, un moule parfait, jusqu'au jour de mes huit ans. Ce jour-là, mon père a pris une photo de moi en robe du dimanche, puis il m'a dit : « Je n'avais jamais remarqué que ta jambe droite était tordue. » Moi qui me percevais si belle aux yeux de mon père, d'une seconde à l'autre, je ne correspondais plus à la beauté parfaite ! Alors je me suis écroulée. Du jour au lendemain, je suis devenue moins belle, moins parfaite. Quelque chose s'était rompu en moi face à mon père. J'étais soudainement déçue de moi-même. Mon père, qui n'avait pas de diplôme en psychologie, avait émis cette petite phrase comme Dieu le père aurait pu le faire en regardant son œuvre. Mais ce n'est pas la phrase qui m'a fait tomber de ma tour d'ivoire, ni la vibration qui en émanait, c'est comment je l'ai perçue. Le moule de perfection divine s'est fendu. L'image de moi-même en a pris un coup. Aujourd'hui, en pratiquant un mouvement pour libérer les tensions de mes jambes, j'ai constaté que ma jambe droite était vraiment mal alignée. Je suis née ainsi. C'est à moi de le reconnaître et de l'accueillir.

Extrait du Journal de mon autoguérison, Paris, mai 1977

Le plus extraordinaire, c'est que nous possédons cette perfection à la naissance ; nous sommes parfaits dans notre imperfection. Nous sommes parfaits parce que nous sommes lumière, force et fragilité. Mais on nous propose souvent une autre perfection qui deviendra un paradis construit de l'innocence, soit cet idéal autour duquel nous bâtirons une prison. Ainsi, notre force est modelée à l'image d'une perfection qui ne ressemble en rien à celle que nous portons. Si, dès notre venue sur terre, les adultes qui nous entourent pouvaient voir la perfection qui nous habite et l'utiliser dans la construction de notre personnalité, nous serions amenés à nous développer et à nous nourrir à cette énergie originelle. Nous serions guidés vers l'usage de notre force tranquille, plutôt que de consacrer nos premières années de vie à devenir l'idéal de quelqu'un d'autre et souvent à nous construire à contre-courant de nous-mêmes.

2

L'innocence

Bien que des croyances, des projections ou des ondes psychiques nous aient été transmises par l'entremise du liquide amniotique, nous naissons innocents face à la vie qui nous attend[1]. Certains d'entre nous naissent innocents malgré une mémoire de culpabilité sous-jacente dès la vie intra-utérine : culpabilité d'exister quand le fœtus jumeau s'est détaché ; culpabilité d'être parce que maman a tenté de « nous » avorter ; culpabilité de prendre une place parce que papa ne voulait pas d'un quatrième enfant ; culpabilité de vivre parce que maman a failli mourir en nous mettant au monde ; ou tout simplement culpabilité d'être illégitime. Nous naissons innocents, avec ou sans culpabilité, et nous poursuivons notre quête d'innocence en grandissant parce que nous avons besoin de croire, en tant qu'enfants, que « tout le monde est beau, tout le monde est gentil » – malgré l'enseignement que nous donnent nos parents sur l'amour et sur la vie. Nous allons jusqu'à pressentir que nous avons le pouvoir, en raison de notre toute-puissance, de rendre tout le monde heureux autour de nous. Nous ressentons cette toute-puissance quand nous faisons rire ou pleurer nos parents, nos frères et nos

---

1. Voir Nina Canault, *Comment le désir vient au fœtus*, Desclée de Brouwer, 2002.

sœurs. Nous émanons, nous sommes vivants, nous sommes tout-puissants. Nous sommes au centre d'un univers dans lequel l'attention des autres est dirigée vers nous. Le soir, au coucher, on nous raconte des histoires de petits chats, de petits lapins, de maman ours et de papa cheval ; on nous chuchote à l'oreille que même si le méchant loup se trouve face au Petit Chaperon Rouge, il y aura toujours quelqu'un pour la protéger. Ces images racontées par une voix douce – voix de maman qui nourrit notre système nerveux central ; voix de papa qui résonne dans notre petite cage thoracique – nous protègent. Elles nous enveloppent. Nous nous endormons, baignant dans un sentiment de sécurité, nourris par des images, par un doux ressenti, par la musique du manège qui tourne au-dessus de notre couffin. Le monde est à nous, et nous en sommes les maîtres parce que nous vivons intensément ces moments de félicité. Les difficultés vécues avant notre naissance s'endorment avec nous, dans cet univers de fantaisie, cet univers imaginaire.

Cette innocence peut être brisée par l'arrivée d'un autre enfant, ou parce qu'elle est entachée de maltraitance. Lorsque notre corps est violenté et que notre moi en construction se fragmente, nous développons la capacité de nous en dissocier en nous élevant avec notre âme. Cette innocence peut aussi être menacée par une crise familiale – accident, hospitalisation, décès. Alors, soudainement, notre lumière et notre vie ne sont plus « sécurisées ». Mais nous possédons cette force de vie et, par le fait même, de survie[1] – soit la force de nous dissocier de l'intolérable pour vivre dans un monde imaginaire où nous retrouvons notre innocence. Nous pouvons créer des amis de lumière et d'énergie qui vont apaiser notre terreur d'être violentés, d'être battus. La construction de cette

---

1. Marie Lise Labonté, *Le Déclic*, Éditions de l'Homme, Montréal, 2000.

innocence peut durer quelques jours, quelques semaines, ou encore quelques années. Tout dépend du contexte familial.

Nous croyons au Père Noël et notre force est telle que nous aidons les autres à y croire. Le visage anxieux de maman s'illumine devant notre joie, les yeux de papa se remplissent de larmes devant notre rire. Nous participons à la fête, les problèmes sont oubliés. Nous sommes tout-puissants, nous guérissons les cœurs, nous partageons l'amour et notre lumière. Nous sommes innocents et nous tentons de communiquer cette innocence.

Nous grandissons en nous efforçant de conserver notre paradis d'innocence, malgré le fait que nous devons faire plaisir, répondre aux attentes, correspondre au schéma parental et familial. Mais nous retournons souvent à notre univers, dans lequel nous continuons à nous nourrir de notre toute-puissance – que nous testons sur nos poupées, nos camions, nos jouets, qui sont toujours à nos ordres. Nous dirigeons notre monde – ce monde avec lequel nous partageons notre perfection et les imperfections de la journée. Nous défoulons sur notre poupée la colère de maman, nous imitons les gestes de papa, nous répétons les phrases qui nous ont été transmises comme autant de dictées mentales et nous les reproduisons dans notre monde imaginaire. Nous nous « entraînons » à être grands, nous répétons les blessures, nous les traduisons en actes, nous rejetons notre lapin en lui disant combien « pas gentil il est ». Nous laissons ainsi entrer dans notre lumière l'ombre de nos parents, de notre famille et du système. Nous sommes de plus en plus contaminés par le monde des adultes, par l'idéal de perfection, et par cette sournoise impression de ne pas pouvoir atteindre cette perfection. Alors, la lumière qui brillait dans nos yeux commence à se voiler. Notre colonne vertébrale se plie ou se tord sous le poids de l'exigence d'être à la hauteur du monde adulte. Nous qui aimions être innocents, nous devenons soudainement coupables de l'être, coupables d'être des enfants et coupables de croire au Père Noël. Notre petit corps se rigidifie dans les tensions qui sont à la naissance des cuirasses[1] qui vont nous permettre de faire face à toute cette adaptation et suradaptation, afin d'être à la hauteur de...

Puis nous découvrons que tout le monde n'est pas nécessairement gentil, et le paradis de notre innocence s'écroule. Nous avons quatre ans, cinq ans, six ans... il n'y a plus de Père Noël et nous sommes seuls face au monde extérieur.

Dans le processus de guérison de sa maladie auto-immune, Laurent a écrit un conte qu'il a intitulé « Le petit garçon ». Cette écriture spontanée lui est venue la nuit, après un séminaire[2] au cours duquel il a exploré une dimension inconsciente de lui-même reliée à son enfant intérieur[3]. Il nous raconte le paradis de l'innocence de cet enfant intérieur. En voici un extrait :

> *Il était une fois un petit garçon qui vivait heureux avec ses parents dans une belle maison au milieu d'un grand jardin. C'était son parc, son domaine, son royaume, avec ses collines, ses forêts, ses rivières et ses lacs. C'était un petit garçon enjoué, tendre, espiègle, sensible. Un jour,*

---

1. Marie Lise Labonté, *Au cœur de notre corps*, Éditions de l'Homme, Montréal, 2003.

2. Marie Lise Labonté, *Naître à son corps, naître à son essence* est le nom d'un séminaire qui aborde la relation intime avec notre âme et son expression dans l'incarnation. Il fait partie d'une trilogie « Séminaires Naître à soi-même », soit : *Naître à son corps ; Naître à son cœur ; Naître à son âme.* Cette trilogie se veut un guide de vie dont l'objectif est l'autonomie de l'être dans une exploration de l'amour, de la vie et de la créativité. Site MLC ©, Méthode de Libération des Cuirasses : http://www.marieliselabonte.com/fr/mlc.htm.

3. Voir Kathrin Asper, *The Abandoned Child Within : On Losing and Regaining Self-Worth*, International Publishing Corporation, New York, 1993.

ses parents l'appellent et lui demandent d'interrompre ses jeux parce qu'ils veulent le prendre en photo – pourquoi vouloir fixer l'éternité, pourquoi tenter de figer un moment de pur bonheur ? Ses parents l'installent dans un joli petit fauteuil en osier, au milieu du jardin, et s'éloignent. « Redresse-toi », lui dit son père ; « Fais un joli sourire », susurre maman. Alors, le petit garçon, seul, coincé sur son fauteuil, tire sur ses épaules, bombe le torse et tente un pauvre sourire crispé. Parents, amis, voisins, tous s'extasient devant la photographie. « Oh, la belle photo ! Quel beau petit garçon, et comme il est sage ; il est adorable. » Alors l'image se prend au jeu, elle force sur le sourire, se donne un air encore plus sage, se redresse encore et encore pour paraître plus grande, plus forte. Sous les regards, elle s'est mise à exister. Bien sûr, elle sait bien qu'elle n'est pas le petit garçon, qu'elle vit à travers le regard des autres. Mais c'est trop tard, déjà s'effacent les traits du petit garçon, déjà se taisent ses chants et ses rires, déjà ses jeux s'oublient. Il reste seul, coincé dans son petit fauteuil, au milieu du si beau jardin...

3

La rencontre avec le conflit

Soudain, un décalage se crée, dans notre monde intérieur, entre nos perceptions, ce que les autres nous renvoient, et ce que les autres exigent de nous. Curieusement, la perception que nous avons du monde qui nous entoure remet alors en question la précarité de notre lumière, de nos qualités intrinsèques, de notre beauté et de notre innocence. Nous expérimentons des moments d'incertitude à l'égard de notre force et de notre puissance d'amour. C'est ainsi que commence la construction d'un mur de division entre notre structure intérieure et la structure extérieure. Du centre d'un univers de tendresse et d'amour, ou d'un univers de maltraitance et de terreur, nous découvrons qu'il existe autre chose que notre perception du monde auquel nous nous sommes identifiés. Ce décalage crée, au tout début, un trouble qui pourrait, sans provoquer de cassure, nous servir de terrain d'exploration de l'inconnu. Pour survivre à ce malaise, nous nous efforçons de correspondre au moule qui nous a été proposé. Pour rendre hommage à ceux et à celles qui semblent si bien nous connaître, connaître les autres et le monde dans lequel nous évoluons, nous commençons à faire des compromis par rapport à notre propre vérité et à notre innocence. Nous nous éloignons petit à petit de notre innocence première au profit d'une autre forme de paradis d'innocence proposée par nos parents – un paradis dans lequel nous retrouvons les croyances, les flatteries, les critiques, les jugements et les projections que l'on fait sur nous.

Je me souviens qu'à cinq ans je me mettais les mains sur les oreilles pour ne pas entendre les critiques de ma mère et de ma tante sur les autres. Dans ma vision du monde, tout le monde était gentil, c'est pourquoi leurs jugements, le ton de leur voix remplie de fiel blessaient mon corps et mon cœur d'enfant. Je vivais dans le désir d'aimer et d'être aimée mais, dans ces moments-là, je ne rencontrais que l'étroitesse de cœur, la jalousie et l'envie de ces femmes qui me prenaient dans leurs bras tout en critiquant les gens de la famille. Je me souviens que, soudainement, mon environnement se noircissait parce que j'avais peur de ne pas être aimée par celles qui critiquaient autant les autres. Je voulais fuir mon monde qui s'obscurcissait, je ne comprenais pas. Pour réagir à leur comportement, je me mettais soudainement à pleurer de mal-être, et là, elles cessaient de discourir pour s'inquiéter de mes pleurs.

Extrait de mon Journal d'autoguérison, Paris, février 1977

Dans notre petit être s'installe alors une friction entre ce que nous percevons intérieurement comme étant bon ou intolérable pour nous, et ce que nous renvoie l'univers extérieur parental ou familial sur ce qui est bon ou mauvais. Ces heurts s'expriment par des frustrations, voire une incertitude dans l'expression de notre spontanéité. Comme nous avons besoin d'amour et de sécurité, nous nous adaptons et nous acceptons instinctivement d'être ce que l'on nous demande d'être. Une vision étroite du monde et de la réalité nous est souvent proposée, et même imposée. Alors, pour être accueillis, nous faisons ce que l'on attend de nous, nous tentons de croire à la vision du monde qui nous est suggérée.

Cette friction, nécessaire à la construction de notre personnalité, peut être vécue de façon constructive lorsque ce moment initiatique est reconnu par nos parents et nos éducateurs. Quand nos parents prennent le temps de vivre avec nous cette étape de maturité, ce passage de réelle insécurité où notre toute-puissance est remise en question peut, sans provoquer de cassure, nous servir de terrain d'exploration de l'inconnu. Car cette étape de friction est une réelle invitation à grandir tout en conservant notre innocence. Hélas, cette étape de notre développement est souvent ignorée, quand elle ne devient pas un prétexte de conflit entre nos parents qui, tandis qu'ils nous éduquent, essaient l'un et l'autre de « tirer la couverture ». Ce moment de frottement peut aussi être provoqué par des événements extérieurs qui interpellent notre famille et heurtent notre innocence de plein fouet. Lorsque c'est le cas, nous en ressortons meurtris et traumatisés.

Dans son témoignage, Éloïse nous raconte comment, enfant, elle a vécu la perte de son innocence lors d'un événement majeur qui, par la suite, l'a influencée toute sa vie et a marqué au fer rouge sa relation à la confiance et à l'amour. Comment s'étonner que l'épreuve de la perte d'un grand amour ait été, plus tard, si traumatisante pour elle ?

Ma mère m'a raconté ces faits car elle a failli les rejouer avec ma fille quarante ans plus tard [...]. Je commençais à marcher, c'était vraiment les tout débuts. Nous habitions au septième étage d'un immeuble. Il y avait un balcon, mais sans barreaux. Ce jour-là, un petit tabouret avait été oublié sur le balcon, je suis montée dessus, toute débutante dans l'exploration de mon corps, toute contente d'arriver à grimper. J'étais sur le parapet, en train de parler aux gens qui déambulaient dans la rue [...]. Alors

ma mère est arrivée. Elle a voulu me saisir pour me proté-
ger, me garder, m'éviter la chute, mais en fait elle est
devenue folle et a voulu me pousser, me jeter [...]. Pour
elle, dans sa tête, j'étais l'enfant du péché parce que enfant
illégitime [1]. Dans une crise de folie furieuse, elle m'a
secouée dans tous les sens. Quelqu'un est arrivé et lui a
crié : « Madame, arrêtez, vous allez la tuer ! » On s'est
occupé d'elle mais pas de moi ! [...] et donc, je me suis
retrouvée éclatée. Ma mère, c'était mon Dieu. L'idée
qu'elle puisse me tuer était inconcevable, mais c'est arrivé
et j'ai vécu dans tout mon être cette intention qui l'a sou-
dainement foudroyée. Et qui m'a foudroyée aussi. Notre
vie n'a plus jamais été pareille. Je me suis forgée la
croyance qu'« aimer quelqu'un ou être aimé de quelqu'un
est mortel » ! Et comme il ne fallait pas aimer, j'ai cade-
nassé mon cœur et je me suis coupée de mon corps. Je ne
vivais que par ma tête. Je suis devenue une petite fille qui
réussissait très bien à l'école : je voulais tout connaître,
tout comprendre. L'amour, pour moi, était devenu une
enveloppe vide, comme la peau d'un serpent qui a mué : un
déni complet. Pour moi, l'amour n'existait pas. Pour moi,
être amoureuse était uniquement le résultat de l'action
physico-chimique des hormones. J'étais sous le contrôle
complet de la situation, donc complètement à côté de la
vie ! Je vivais dans la terreur à l'idée d'aimer.

L'insécurité se cristallise dans notre petit être et commence
à tracer notre parcours d'adulte. Des impressions de terreur
ou de peur profonde s'inscrivent dans notre système nerveux
central.

---

1. Le père biologique d'Éloïse était le frère de son père nourricier.
(N. d. A.)

Mais ce moment de friction qui fait grandir l'enfant peut surgir dans un système où il est surprotégé et même adulé. L'histoire de Sylvie le démontre.

À cinq ans, Sylvie a été témoin de la mort soudaine de sa grand-mère. La petite fille vivait dans un matriarcat où elle était surprotégée par les femmes de la famille. Enfant unique, elle était le centre de l'univers familial. Dans ce contexte de surprotection maternelle, Sylvie se sentait toute-puissante. La mort soudaine de sa grand-mère a été pour elle un moment important de friction : non seulement elle a découvert que les autres pouvaient avoir de la peine et de la souffrance mais, du jour au lendemain, elle a cessé d'être le centre de l'attention. Dans sa toute-puissance, elle en a conclu que sa grand-mère était morte à cause d'elle, et elle a développé une culpabilité à l'idée que les autres souffraient « à cause d'elle ». À cette époque, elle faisait des cauchemars récurrents.

Que ce passage de friction se vive bien ou difficilement, il entraîne de toute façon une contraction intrinsèque qui s'exprime par des émotions et des attitudes. Des charges émotionnelles jalonnent ce passage : tristesse, déception, impuissance, voire colère et rage. Notre corps et notre psyché d'enfant montrent alors des signes d'une première adaptation fondée sur la survie, ainsi que sur l'instinct de conservation et de protection.
Les cauchemars à répétition de Sylvie ne préoccupaient pas la famille, qui était en plein deuil. Alors l'enfant a développé un eczéma. Elle cherchait tout simplement à attirer l'attention sur son conflit intérieur ; elle tentait de s'adapter à la crise interne et externe. Malheureusement pour elle, l'eczéma qui couvrait son corps a fait d'elle une sorte de « brebis galeuse », et elle a été rejetée petit à petit par les mêmes femmes qui l'avaient déifiée. En tant qu'enfant, Sylvie ne comprenait pas comment son univers d'innocence s'était ainsi écroulé. Elle

s'est refermée, est devenue taciturne et s'est mise à faire de l'embonpoint.

Ce changement de comportement provoqué par une réaction de survie est habituellement banalisé ou rejeté par le milieu familial. Ce rejet et cette non-reconnaissance de la difficulté d'adaptation sont vécus alors par l'enfant comme une incitation inconsciente à refouler toute tentative d'adaptation.

Une réponse familiale banalisée devant notre malaise nous indique que nous devons entrer dans l'ordre parental pour survivre. C'est une injonction ! Nous utilisons alors une grande partie de notre énergie vitale pour réintégrer l'ordre établi. Nous retenons le mouvement de cette énergie vitale et nous commençons à construire nos cuirasses.

Nous refoulons ainsi dans notre inconscient le passage obligé de la friction. Tout en continuant à vivre cette friction, nous l'avalons, nous la logeons dans nos jambes, notre diaphragme, notre bassin, notre cou, nos épaules ou notre tête.

Le moment de la friction se transforme en réelle bataille avec nous-mêmes. Ainsi naît une structure psychosomatique interne de complexes[1], de constructions, qui deviennent des fixations qui se rejouent dans le corps et la psyché à l'âge adulte, surtout lorsque ces constructions sont stimulées par une épreuve. Nous créons des croyances, comme l'a fait Éloïse, et nous n'osons plus partager ce que nous sommes dans la spontanéité.

Éloïse raconte qu'à la suite de l'événement dramatique vécu avec sa mère, elle a bâti tout un système de croyances fondé sur la terreur de l'autre et la peur de mourir.

---

1. Le complexe est une structure psychique bâtie par un rassemblement de croyances, d'émotions, de blessures, d'impressions et de mémoires lourdes du passé, qui ont été créées autour de la blessure fondamentale et refoulées parce qu'elles étaient intolérables pour l'enfant. Le complexe appartient à une attitude de protection du moi appelé le refoulement. Voir Marie Lise Labonté, *Le Déclic*, *op. cit.*

> *[...] entre autres, vers vingt ans, j'ai eu des crises d'angoisse ; tout à coup, j'étais envahie par une angoisse à l'état pur. À l'époque, j'appelais des médecins d'urgence. Je n'avais rien du tout au point de vue physiologique. On m'a dit que c'était de la spasmophilie. Comme j'avais fait une licence de psycho, je me suis dit que c'était psychosomatique et cela m'a décidée à entreprendre une psychanalyse. Ces angoisses étaient reliées à la peur de mourir, à la peur de vivre, à la peur d'aimer.*

Petit à petit, en nous éloignant de notre lumière, nous créons des conclusions du genre : « Si je partage qui je suis, je ne serai pas reçue » ; « Je ne fais pas partie de ce monde » ; « Je ne peux pas exister dans ce monde d'adultes » ; « Pour être aimé, je dois faire semblant de... ». Alors, nous nous enfermons instinctivement dans une division entre notre nature profonde de beauté, de lumière et d'innocence et la nature suradaptée que nous devons présenter au monde de nos parents, de notre famille et de nos tuteurs. De la friction, nous passons à la division, puis à la séparation. Un sentiment d'impuissance, suivi de troubles somatiques provoqués par la peur et l'insécurité, vient sceller cet éloignement de nous-mêmes. Et les questions existentielles surgissent : « Vais-je être à la hauteur de ce qui est exigé ? Vais-je être à la hauteur de l'idéal de perfection ou d'imperfection que l'on attend de moi ? » Cette division atteint aussi notre force vitale. Nous donnons alors le minimum d'énergie à notre nature profonde, nous mettons cette dernière en veilleuse et nous utilisons le maximum de notre force vitale pour exister et survivre dans cette structure psychique et somatique de suradaptation qui deviendra la personnalité que nous nous sommes construite face au monde.

4

Les refuges de l'essentiel

L'essentiel en nous est la partie de notre être la plus profonde, la plus tendre, la plus douce. L'essentiel en nous est cette part de divinité, de lumière, cette dimension d'amour de notre âme qui nous accompagne tout au long de notre vie. C'est le meilleur de nous-mêmes[1] qui est logé dans le cœur de notre corps tel un joyau dans un écrin de vie. C'est une base d'inspiration pour notre développement, une nourriture qui vient de notre âme. Cette puissance lumineuse nous donne la force de vivre les différentes étapes de notre développement et les épreuves qui marquent notre chemin d'individuation. Le refuge de notre essentiel est en nous. Il est toujours là, même si nous oublions parfois cette vérité profonde.

Nous serions toujours en présence de cette vérité si la construction de notre personnalité se vivait dans cette transparence, cette respiration profonde à notre essence[2] qui nous

---

1. Guy Corneau, *Le Meilleur de soi*, Éditions de l'Homme, Montréal, 2007 ; Robert Laffont, Paris, 2007.

2. « […] plus le moi respire au soi, c'est-à-dire plus la personnalité est souple, plus la nature profonde de l'être, soit l'âme, est incarnée dans un corps, plus il [le moi] peut émaner et influencer le quotidien par sa vibration d'amour et de vie. Ainsi, les actes seront porteurs d'équilibre et de transparence. Si cette respiration du moi est limitée, nous sommes alors témoin de dureté, de violence, d'autodestruction dans cette relation intime avec les

permet de vivre en présence des autres et de nous unir à eux tout en restant reliés à notre nature profonde. Si nous avions la capacité de nous maintenir unis tout en nous différenciant pour explorer le monde extérieur, nous serions certainement plus sereins dans notre chemin d'individuation. Nous cesserions d'occulter notre vérité profonde.

Nous avons besoin de la friction pour nous différencier et nous construire. Nous avons aussi besoin de parents qui, en nourrissant notre nature profonde, nous accompagnent dans ce processus de différenciation. Souvent, notre processus de construction de la personnalité se vit soit dans un enveloppement craintif et étouffant de surprotection parentale ; soit dans un environnement dur et abusif qui n'a d'autre but que de nous casser avant même que nous puissions nous construire ; soit dans un environnement indifférent qui ne nous donne aucun cadre pour nous construire. Éloïse nous raconte qu'elle avait un énorme besoin de sa mère pour exister, même si elle avait toujours peur d'être tuée par elle :

> *J'étais toujours dans les jupes de ma mère ; peur de la perdre, très peur d'être orpheline […] je me faisais toute petite, toute gentille pour ne pas risquer de provoquer sa colère […] mais j'avais peur d'elle et, en même temps, j'avais un besoin fou d'elle.*

Mais il ne faut pas oublier que la vie, à travers les épreuves, amène aussi à notre famille sa part de surprises, d'imprévus – ce qui fait de notre développement une réelle initiation. C'est le parcours du combattant.

Lorsque nous construisons notre personnalité en nous séparant de notre nature profonde, nous déplaçons notre énergie

---

forces de vie et d'amour qui nous habitent. » Voir Marie Lise Labonté, *Le Déclic, op. cit.*

vitale vers des parties de nous qui exigent beaucoup d'énergie pour exister et se suradapter. Alors, au lieu de nourrir l'essentiel qui est en nous et de mettre au monde nos valeurs intrinsèques, de leur donner « corps », nous projetons notre part d'essentiel à l'extérieur de nous-mêmes, et nous nourrissons ainsi les valeurs de notre environnement. Nous quittons notre habitacle pour aller vivre en l'autre. Si, de plus, nous avons connu comme Éloïse une fragmentation, nous avons davantage besoin de nous réfugier dans l'autre, car notre propre maison intérieure est déshabitée. L'autre devient un refuge pour cette partie de nous si tendre, si intrinsèque. Maman et papa sont souvent les premiers à qui nous donnons le meilleur de nous-mêmes. Il y a aussi les grands-parents, les grandes sœurs, les grands frères, ou encore tout substitut parental à qui nous offrons notre trésor d'essence. Comme nous le raconte Laurent dans « Le petit garçon », on nous invite souvent à être quelqu'un d'autre, quelqu'un qui répond aux critères des projections parentales et familiales. Nous sommes alors obligés de quitter notre part d'essence et notre refuge intérieur d'amour pour aller les déposer aux pieds de celui ou de celle qui semble être digne de notre confiance et de notre amour.

Ce refuge ou ces refuges extérieurs nous donnent l'impression que nous sommes sur la bonne voie de la construction. Ils sont souvent des phares qui nous éclairent – parfois si fort qu'ils nous éblouissent et nous aveuglent. Ces phares peuvent aussi se transformer en miroirs qui nourrissent notre développement narcissique, des miroirs auxquels nous pouvons rester attachés, tout comme Laurent, qui cherchait dans le regard de ses parents l'amour et l'approbation devant le bon petit garçon qu'il était devenu ; tout comme Éloïse qui, des années après l'événement qui l'a traumatisée, disait :

> *Ma mère a vraiment pris toute la place en moi ; il*
> *y a juste un tout petit bout de moi, écrasé par elle, qui*

*survit bien que de plus en plus souvent j'arrive à m'en
sortir...*

Mais ces refuges qui accueillent notre part d'essentiel sont-
ils vraiment dignes de ce don de nous-mêmes ? Savent-ils
qu'ils recueillent la partie la plus tendre de nous-mêmes ?
Sont-ils conscients de leur responsabilité d'hôtes ? Non, car
en majorité ils ne sont pas conscients, justement, car ils ont
donné leur part d'essentiel à d'autres, une part qu'ils n'ont pas
reprise, et ils se sont alors éloignés d'eux-mêmes et remplis
des autres. Ils sont souvent vides de présence et de vie. Dans
l'inconscient, ils prennent le « tendre de nous », s'en nourrissent, puis ne savent plus qu'en faire. C'est souvent la raison
pour laquelle leurs mots, leurs attitudes, leur regard, leurs
gestes peuvent soit nous aider à construire pour un temps
l'habitacle de notre essence dans le monde, soit abîmer cette
partie si sensible et si vulnérable.

*J'avais six ans lorsque j'ai offert à mon père le plus
beau cadeau que je possédais. C'était une image sainte.
Cette image, qui se trouvait dans mon livre de prière, était
entourée de dentelle blanche. On y voyait la vierge portant
l'enfant Jésus. J'ai offert ce présent à mon père, spontanément, un dimanche après la messe du matin. Le même
dimanche, j'ai retrouvé, en fin d'après-midi, mon image
sainte dans la poubelle de la cuisine. Ce fut pour moi un
drame, comme si c'était moi qui étais là, dans la poubelle,
parmi les détritus. J'avais donné à mon père une partie de
mon essentiel. Je pleurais, je pleurais sans pouvoir rien
dire à ma mère, qui s'inquiétait. C'est en ouvrant la poubelle qu'elle a découvert l'image. Elle a essayé d'excuser
mon père, disant qu'il était fatigué, préoccupé. Ce fut pour
moi une des multiples cassures qui ont jalonné ma relation
à mon père. Déjà qu'il était comme un étranger... mais,*

encore une fois, j'avais tenté de me rapprocher de lui [...]
sans succès.

Extrait de mon Journal d'autoguérison, Paris, avril 1977

Ces hommes et ces femmes, nos parents, sont les refuges, les points de repère de notre nouvelle identité en construction. Si, en nous construisant, nous nous éloignons de notre source, là où nous avons déposé le meilleur de nous-mêmes, ce refuge devient le nouveau lieu d'un ancrage pour notre croissance, et le siège d'une dépendance. Nous sommes nés complets... et nous devenons au fur et à mesure de notre croissance des petits êtres de plus en plus incomplets de nous-mêmes et remplis des autres.

5

La prison dorée

Plus nous nous éloignons de notre source, plus nous avons besoin d'ancrer les refuges de notre essentiel, de les sécuriser, de nous assurer que nous allons être aimés de ces êtres à qui nous donnons le meilleur de nous-mêmes. Mais ce lien à l'autre devient une dépendance qui, à la longue, nous emprisonne. En raison de notre insécurité, nous donnons du pouvoir à ce lien. Exister dans le regard de l'autre fait ainsi partie de notre développement. En tant qu'enfant, nous avons besoin de cette identité. « L'autre me reconnaît, donc j'existe ; l'autre ne me reconnaît pas, donc je n'existe plus » ; « Que puis-je faire pour m'assurer d'être reconnu et aimé ? » Ces questions deviennent de plus en plus présentes dans notre cœur et notre corps d'enfant. « Comment puis-je m'assurer d'être aimé ? » devient une interrogation quasiment essentielle.

Comme nous avons donné à l'autre notre partie la plus belle, il devient intolérable pour notre être de ne pas recevoir la sécurité de base de l'amour, qui est l'accueil. Car nous avons besoin d'être accueillis, reconnus, aimés. Ce sont là nos besoins affectifs fondamentaux. Alors, pour obtenir cet accueil, nous permettons aux autres de nous emprisonner avec eux. C'est pour nous l'unique moyen de retrouver la sécurité, car nous croyons, dans notre cœur d'enfant, que le fait de nous emprisonner avec l'autre ou avec les autres nous donne l'assurance d'être aimés. Les refuges sont devenus prisons. En grandissant exilés de nous-mêmes, nous demandons de plus en plus souvent aux autres de nous donner ce que nous avons perdu : le lien, la douce satisfaction d'exister dans notre grâce, notre beauté.

Mais en vieillissant, le vide créé par la séparation intérieure devient intolérable. Alors, quand nous rencontrons des déceptions dans notre relation à l'autre, nous nous tournons vers les objets – ces objets que nous procurent les êtres qui nous ancrent pour combler notre besoin de sécurité. Nos parents ou notre famille sont eux-mêmes ensevelis sous des objets de toute sorte. Nous vivons dans des maisons encombrées, et notre salle de jeu ou notre maison de poupée est tout aussi encombrée – comme le sont nos garde-robes d'enfants. Nous nous laissons emprisonner par nos exigences. Éloignés de nous-mêmes, refoulant l'insécurité sous-jacente à la séparation d'avec notre lumière et notre essentiel, nous tentons de construire une sécurité dans la fixation aux autres, aux objets, aux lieux. Les barreaux de la prison se scellent, le lien de dépendance se resserre.

Nous idéalisons cette fausse sécurité. Nous tentons de la nourrir en habitant des identités qui sont tout aussi fausses, c'est-à-dire en devenant identiques à papa et à maman, à leur image. Nous y croyons tant que nous utilisons toute notre force vitale pour y parvenir. C'est ainsi que nous devons vivre pour correspondre aux critères de nos parents, de notre famille et de notre société. Nous scellons les portes de notre prison en fermant les yeux et en retenant notre souffle. Nous devenons quelqu'un d'autre.

Alors, pour continuer à survivre, l'image va s'efforcer de devenir un bon fils, un bon élève, un bon copain, un bon sportif ; puis, plus tard, un bon professionnel, un bon mari, un bon père. Et ainsi de suite, d'émotions contenues en larmes retenues, de joies futiles en combats puérils, l'image continue à grandir. Et tout occupée qu'elle est à polir son reflet, elle en arrive à oublier jusqu'à l'existence de ce petit garçon qui, pourtant, a été son modèle bien des années auparavant.

Extrait du conte de Laurent, « Le petit garçon »

Ce moi[1] nouveau devient notre lien à l'autre. Ainsi nous aimons, et ainsi nous nous laissons aimer. L'autre n'est plus le refuge, il devient « notre » essentiel. Nous grandissons en sachant qu'un jour ce refuge va disparaître, car nous savons au plus profond de nous-mêmes que nous ne sommes pas dans l'authenticité. Nos rêves d'enfant sont révélateurs de notre attachement excessif à l'autre. Notre inconscient nous le révèle par des cauchemars récurrents dans lesquels nous perdons des êtres chers. Dans le quotidien, nous continuons de nier nos peurs d'être rejetés, abandonnés, non reconnus. Pour cacher ce déni, nous consacrons encore plus d'énergie aux structures édifiées sur de fausses prémisses. Les refuges, ces prisons, nous les embellissons de dorures pour briller dans le regard des autres, pour nourrir le mirage. Dans notre prison s'accumulent les habitudes acquises grâce à notre système éducatif : bonnes manières et principes. Nous y ajoutons les traces de blessures, de souffrances, d'échecs, de rêves non

---

1. « J'entends par moi un complexe de représentations formant, pour moi-même, le centre du champ conscienciel, et me paraissant posséder un haut degré de continuité et d'identité avec lui-même [...]. Mais le moi n'étant que le centre du champ conscienciel ne se confond pas avec la totalité de la psyché ; ce n'est qu'un complexe parmi beaucoup d'autres. Il y a donc lieu de distinguer entre le moi et le soi, le moi n'étant que le sujet de ma conscience alors que le soi est le sujet de la totalité de la psyché, y compris l'inconscient », Carl Gustav Jung, *Types psychologiques*, préface et traduction d'Yves de Lay, Librairie de l'université, 3e éd., Genève, 1968.

réalisés, qui se sont accumulées en nous. Nous avons vingt ans et nous sourions en grinçant des dents. Nous avons trente ans et nous souffrons d'insomnie parce que nous avons peur de perdre ce que nous avons construit. Nous avons quarante ans et nous cachons nos symptômes de vieillissement. Nous avons cinquante ans et nous avons peur de l'avenir. Nous avons soixante ans et nous dorons et redorons le blason de notre prison avant de mourir. Quand nous arrêterons-nous ?

Nous ne vivons pas seuls dans notre prison, nous y avons mis les autres, nos enfants, qui nous ont donné à leur tour leur part d'essentiel. Tandis que nous vieillissons, cette prison se fait de plus en plus « chair » et nous en payons le prix par des tensions chroniques. Nous avons laissé le cœur de notre corps s'enliser là où repose notre lumière. Mais où est-elle, cette lumière ? Nous avons refoulé dans cette construction ce que nous craignions de voir : le pire de nous-mêmes, la bête qui nous habite, que nous avons nourris de nos jugements, de notre autocritique. Car nous arrivons même à nous détester de n'être que ce que nous sommes. Si nous pouvions être toujours aimés et admirés, jamais critiqués et jamais refusés, si nous pouvions, comme dans l'enfance, maintenir cet idéal non atteignable, nous pourrions peut-être nous aimer aussi.

Laurent témoigne de ce qu'était sa vie avant la maladie :

> C'était plutôt une vie qui, à moi en tout cas, paraissait bien réglée, et sur laquelle j'estimais avoir un certain contrôle [...] une vie que je qualifierais de confortable, en tout cas dans la perception que j'en avais à ce moment-là. C'est-à-dire une vie professionnelle sérieuse, qui fonctionnait bien, un métier qui me plaisait, qui me permettait de vivre comme je le souhaitais, et une vie familiale qui me paraissait solide : une femme, un enfant. J'estimais ne pas avoir de problème particulier à ce niveau-là, ni au niveau

santé – donc pas de contact avec la maladie ou l'impotence physique. Une vie qui me paraissait, au premier abord, aller très bien. En tout cas, si c'était une prison, j'étais le dépositaire de la clé ouvrant et fermant sa porte. Parce que je ne pense pas qu'on m'ait à un moment donné emprisonné. Je sais par contre que je m'empêchais souvent d'être moi-même ou d'exprimer mes envies, mes besoins. J'attendais plutôt de sentir, d'entendre ce qu'on attendait de moi, et j'adoptais le comportement nécessaire […]. Du coup, j'ai toujours été bien accepté partout, j'étais bien accueilli dans tous les groupes. Je me sentais libre. C'est avec le recul, bien plus tard, que je me suis rendu compte que je ne l'étais pas autant que je le croyais.

La prison dorée est la grande tentation de vivre autour de cet idéal de perfection, dans ce paradis de notre innocence, et de le maintenir à tout prix sans réellement voir qu'il y a scission entre ce que nous voulons être et ce que nous sommes réellement. Sur la base de cette division si douloureuse, nous ne pouvons nous aimer. Emprisonnés, nous ne pouvons pas vraiment évoluer, ou même progresser. À moins que quelque chose ne vienne heurter notre construction et nous réveiller…

6

La tour de contrôle

À vingt et un ans, j'étais assise à mon poste de contrôle. J'avais atteint un point d'équilibre. Ma vie était bien programmée et ce, depuis des années. Je suivais le parcours tracé pour moi par mes parents. J'allais réaliser leur rêve : je ferais des études universitaires et j'épouserais un « professionnel », autrement dit un homme qui aurait également fait des études supérieures. Tout était programmé, décidé, quand, à dix-neuf ans, lors des examens d'entrée à l'université, j'ai contracté une forme de mononucléose. En fait, j'avais très peur d'échouer dans tout ce en quoi reposaient les espoirs de mon père et de ma mère, et cette peur sapait ma force vitale. Un vent de panique s'est alors emparé d'eux. « Va-t-elle réussir son examen d'entrée ? » En proie au doute, ils ont réussi à me faire changer d'orientation universitaire, de sorte que je me suis tournée vers une profession plus facile, moins exigeante (bourse d'études assurée ; programme moins ardu). De future psychologue, je suis devenue future orthophoniste. Tout était rentré dans l'ordre. J'ai commencé l'université – quatre ans d'études, maîtrise obligatoire – et j'ai cherché un mari. Le seul problème, c'est que je n'ai jamais été consultée. Mais, comme un automate, j'ai donné mon consentement, et c'est ainsi que je me suis retrouvée, à vingt ans, devant une grande illusion. L'université serait l'aboutissement de dix-sept années d'études, et j'étais programmée pour cela depuis l'âge de cinq ans. Une fois entrée dans la cage dorée universitaire, la déception a été si grande que j'ai voulu fuir en courant. J'étouffais ! Alors, pour m'aider à tenir le coup, j'ai épousé non pas un mari mais la « mari Juana ». En planant, je tentais de survivre au rêve de mes parents : surtout, ne pas décevoir ceux en qui j'avais mis mon essentiel, surtout, ne pas décevoir ceux qui avaient mis en moi leur espoir d'évolution. Le contrat était clair et tout était planifié, jusqu'au jour où, de mon poste de contrôle de vingt et un an ans de vie, j'ai reçu le diagnostic d'une maladie auto-immune incurable. Mon univers s'est écroulé, le rêve de mes parents a vacillé. Alors je me suis ressaisie et j'ai fait comme si... je n'étais pas malade. Pour la façade, j'ai sauvé le rêve de mes parents, au prix de ma santé, au prix de mes articulations, au prix de mon équilibre. J'ai tenu le coup, j'ai divorcé de la drogue pour m'adonner aux antidouleur et aux anti-inflammatoire. J'ai obtenu mon diplôme de maîtrise et, en boitillant sur deux cannes, je me suis sauvée. Libérée de ma mission universitaire, je suis entrée sur le marché du travail en me promettant qu'enfin je vivrais une vie pour moi et plus pour les autres. C'est ce que je croyais.

Extrait de mon Journal d'autoguérison, Paris, janvier 1977

Nous avons vingt, trente, quarante ans ou plus. Nous vivons dans une prison dorée pourvue d'une tour de contrôle qui nous permet de surveiller les allées et venues. De là, nous voyons tout ce qui nous entoure. Nous croyons avoir atteint un point d'équilibre. Nous avons l'illusion de tout contrôler dans notre environnement, et surtout dans notre vie. Nous avons retrouvé la toute-puissance qui était la nôtre dans l'enfance – même si cette toute-puissance est illusoire. Nous contrôlons déjà les événements qui vont se produire. Nous avons programmé notre vie jusqu'à la mort. Nous avons même planifié notre mort en fonction de systèmes de croyances hérités des générations précédentes : on nous a dit que dans la famille les hommes meurent à quarante-cinq ans d'une crise cardiaque, et les femmes d'un cancer du sein suivi d'un cancer des os. Nous avons adhéré à l'immuable génétique, mais surtout transgénérationnel. Nous pouvons ainsi programmer notre mort. De notre tour d'ivoire, nous nourrissons notre identité préfabriquée, et nous calculons notre bonheur et notre capacité de rester heureux.

Anne, qui a vécu le suicide de son ex-conjoint, nous explique comment elle a tenté de fuir cette réalité avec sa famille :

En fait, moi, j'ai eu deux vies. Une où j'étais dans ma famille, l'autre où j'étais moi-même. Encore aujourd'hui, j'ai tendance à revivre un peu la même scission. Mes relations avec les membres de ma famille étaient superficielles parce que dans ma famille on n'exprime jamais ses émotions, on ne parle jamais de qui on est. Tout va bien, mais c'est vraiment du superficiel. C'est pourquoi je suis partie de chez moi très tôt, à quinze ans, avec l'accord de mes parents. Je suis allée vivre chez ma sœur. Pour moi, cette fuite a été l'occasion d'échapper à ce monde qui était comme une tour d'ivoire, protégée. Dans le monde de ma famille, tout est superficiel, en surface […] jamais on ne se parle […]. Lorsque j'osais exprimer un malaise, la seule réponse que l'on me donnait, c'était : « Toi, commence pas ça ! » Ce qui voulait dire : tout va bien, tout est beau et il ne faut pas rentrer là-dedans, c'est trop dangereux. On n'en parle surtout pas ! C'était comme ça.

Nous avons occulté nos peurs, nos insécurités et, malheureusement, nous avons aussi occulté notre spontanéité, notre lumière et notre grâce pour la sécurité d'un confort illusoire. Nous brillons par le soleil de l'ego. Nous sommes beaux, nous sommes jeunes, nous sommes forts. Nous sommes « quelqu'un » et nous sommes arrivés quelque part. Dans notre prison, nous ignorons la présence de la maladie, notre vulnérabilité et notre faiblesse. Il n'y a pas de contagion possible, nous contrôlons tout ! Notre vision du monde est étriquée car ce qui est différent de nous ne nous intéresse pas. Nous sommes sélectifs, nous nous entourons de gens comme nous, ce qui nous conforte dans nos systèmes de croyances. Ainsi, il n'y a pas de surprise.

Nous gérons notre passé en ne nous souvenant que de ses moments heureux ; nous sélectionnons, nous refusons notre souffrance, et encore plus celle des autres. Nous banalisons la douleur de nos enfants, ce qui nourrit notre illusion de contrôle. « Ce n'est pas grave », disons-nous. Cette phrase que nous répétons plusieurs fois par jour veut dire, en fait : « Tout est sous contrôle. » Ainsi, la souffrance de nos enfants peut être contrôlée. Nous leur enseignons comment être forts, comment serrer les dents et sourire en même temps, comment rationaliser leurs sentiments, comment contrôler l'amour. Nous sommes lisses. Notre présent est planifié des mois et des mois à l'avance, et notre futur est déjà construit. Nous vivons en vase clos et nous avons pitié de ceux qui sont différents de nous. Nous sommes dans un univers de glace, où nos sentiments sont fossilisés. Seule la grâce d'un nouveau-né peut encore nous faire frémir.

Puis, un jour, la météo de notre inconscient nous annonce une possibilité de tremblement de terre suivi d'un tsunami. Nous qui ne rêvons jamais, sommes réveillés la nuit par des cauchemars récurrents. Nous, dont le quotidien est lisse, lustré, sommes tout à coup interpellés par des signes tels des

accidents, des divorces d'amis, des décès chez des connaissances. Au cours d'une même semaine, nous rencontrons
«par hasard» des amis qui nous annoncent une séparation, le
décès d'un parent, le diagnostic d'une maladie, une perte
d'emploi. Nous sommes face à des êtres qui vivent une
épreuve, mais cela ne nous touche pas ; certes, nous leur
tenons la main, mais sans nous laisser pénétrer par leur souffrance, car nous sommes isolés dans notre tour d'ivoire. Nous
rentrons à la maison et nous disons à notre conjoint : «Ah, la
pauvre Marie, si tu savais ce qui lui arrive !», puis nous passons aux choses pratiques : «Il n'y a plus de pain, peux-tu
aller à l'épicerie ?» Ces messages nous importent peu car
nous sommes imperméables. Ces signes de la nature inconsciente sont pour les autres, pas pour nous, car de notre tour de
contrôle nous gérons notre univers en invincibles. Ainsi, nous
croyons vivre, jusqu'au moment où l'épreuve s'abat sur nous.

Deuxième partie

L'épreuve

Nous rencontrons parfois dans notre vie des événements qui déclenchent en nous une douleur si vive, si intolérable que nous voulons mourir pour échapper à cette souffrance. Ces événements sont appelés épreuves car ils nous frappent dans ce qu'il y a de plus fondamental dans notre existence. Telle la foudre qui nous tombe sur la tête, tel le tsunami qui nous engloutit, l'épreuve nous possède totalement. Nous nous retrouvons en présence d'une force plus grande que nous, qui non seulement nous heurte, mais nous anéantit. En l'espace d'une heure, notre enfant n'est plus de ce monde ; en l'espace de trois minutes, notre mari s'écroule sous le choc d'un projectile ; le temps d'une parole, l'amour de notre vie nous annonce qu'il veut divorcer ; le temps d'une prise de sang, nous recevons un diagnostic fatal ; le temps d'une décision patronale, nous perdons notre emploi. Nous nous écroulons alors sous l'impact. Nous ne sommes plus des hommes et des femmes soi-disant bien portants qui exercent un contrôle total sur leur vie, nous sommes des fétus de paille. Nous ne sommes plus rien de ce que nous avons été. Foudroyés, hébétés, traumatisés, nous entrons dans l'errance. Nous nous retrouvons sur une terre nouvelle dont nous ne connaissons pas les codes, les manières d'être à la fois sauvages et instinctives. Nous sommes perdus face à l'immensité de l'irréversible et du « ce ne sera plus jamais comme avant ». Submergés par une puissance qui nous casse, nous retenons notre souffle de peur d'être encore vivants. Car ce futur éprouvant, nous refusons de le vivre, tout en sachant que nous venons de mourir à notre vie passée. Ainsi, nous entrons dans un chemin peu fréquenté[1].

---

1. Scott Peck, *Le Chemin le moins fréquenté,* Robert Laffont, 1978.

1

Ce qui précède l'épreuve

L'épreuve frappe souvent sur un terrain intérieur qui déjà a reçu des secousses sismiques. Même si, en surface, nous donnons l'impression d'avoir le contrôle, notre monde intérieur a connu des blessures, des tensions, des doutes, des insatisfactions profondes. Mais nous avons inconsciemment enfoui ce matériel par trop inconfortable. C'est cette énergie souterraine qui prépare le terrain de l'épreuve.

Depuis un an, Laurent sentait bien que sa vie, si belle et si équilibrée en apparence, était la vie de ses parents, et lorsqu'on a diagnostiqué chez lui une maladie incurable, il a pris conscience qu'il vivait dans une friction constante entre une vie nouvelle qui l'interpellait profondément et sa vie présente. Le choc du diagnostic l'a mis devant un choix.

Pour diverses raisons, dont le fait qu'elle le jugeait psychologiquement instable, Anne avait quitté son conjoint depuis trois ans. Elle était toujours attachée à lui et explorait en thérapie sa propre codépendance [1]. Puis il s'est suicidé.

---

1. « La codépendance est un syndrome psychologique ayant comme noyau central les caractéristiques suivantes : un manque d'objectivité, l'immaturité émotionnelle, la dévalorisation, un besoin absolu d'amour et de contrôle. Cette condition engendre une dépendance émotionnelle et/ou affective accompagnée ou non de comportements compulsifs... » Voir Diane Borgia, criminologue psychothérapeute et directrice générale de

Marie avait été quittée plusieurs fois par son époux, et chaque fois pour une autre femme. Jusqu'au départ définitif. Marie souffrait de tout son être de cette ultime séparation. Lorsque son enfant est mort après un accident, son corps était en pleine rechute d'une maladie auto-immune.

Éloïse souffrait d'un cancer du sein et du harcèlement constant que lui faisait subir son ex-mari lorsque son nouveau compagnon l'a quittée en pleine nuit, sans explication.

Guillaume venait de vivre une année d'addiction lorsqu'il a raté son avion et a perdu son emploi.

Nous ne sommes pas responsables de l'épreuve et nous n'en sommes pas victimes, mais ce que la vie nous amène n'en est pas moins étroitement relié à nous. Où en sommes-nous dans nos vies au moment de l'événement ? Même si l'épreuve semble frapper à l'improviste, même si nous nous y attendions, sa puissance lève le voile sur un simple constat : il y avait déjà des sables mouvants dans notre vie, des zones que nous n'osions pas explorer. Nous pouvons même aller jusqu'à penser que nous avons déjà connu quelque chose de semblable, non pas dans les faits, mais dans le ressenti de la souffrance que l'épreuve nous révèle.

Éloïse témoigne :

> *Pour ma part, l'épreuve est un tremblement de terre, quelque chose qui casse, qui provoque une rupture [...] j'en ai connu plusieurs dans ma vie, à commencer par le moment où ma mère a failli me tuer, après cela j'étais éclatée. Je reproduisais avec mes poupées l'épreuve que j'avais vécue, je leur arrachais la tête, les bras, je les tirais au bout d'une ficelle, une fois par une jambe [...] le corps vraiment*

morcelé. C'était le message d'un enfant aux adultes qui ne comprenaient rien. Au contraire, on ne me donnait plus de poupées. Mes premiers souvenirs exprimaient cette toute première épreuve. Les épreuves que j'ai rencontrées m'ont ramenée au premier traumatisme de ma vie.

Comme au moment de notre naissance[1], nous sommes éjectés du paradis de l'innocence et, pour un grand nombre d'entre nous, chassés de la matrice protectrice qu'était notre vie d'avant l'épreuve. Nous nous retrouvons aussi dénudés, aussi impuissants face à la vie et aux autres que le nouveau-né que nous avons été. L'épreuve ramène un grand nombre d'entre nous, inconsciemment, à des moments précis de notre vie intra-utérine, de notre naissance ou des premières années de notre vie[2]. Elle nous indique des moments fondamentaux non résolus de notre enfance. Elle nous ramène à une douleur fondamentale. C'est le pouvoir révélateur de la vie qui appelle la vie.

Guillaume raconte comment l'épreuve l'a ramené à sa grande blessure :

> [...] *Soudainement vint la honte, la honte d'avoir fauté, et c'est cette honte-là qui a produit le désir de fuir ce cauchemar. À l'aéroport, je voulais fuir, mais en même temps, cette honte a réveillé en moi une vieille blessure de non-reconnaissance qui s'est vivement attisée, et c'est cela aussi que je voulais fuir. Tout cela était un moment d'horreur.*

---

1. Élisabeth Lesser, *Le Big-bang intérieur*, Éditions du Jour, Montréal, 2007.
2. Évelyne Donini, *Quand la peur prend les commandes : comprendre et surmonter le traumatisme psychologique*, Éditions de l'Homme, Montréal, 2007.

Nous qui nous sommes éloignés de notre source, nous qui avons déposé dans les autres notre essentiel, nous qui avons bâti notre prison dorée, nous voici balayés par la puissance de l'épreuve qui nous heurte de plein fouet. Y sommes-nous préparés ?

Imaginez que vous soyez en présence d'un être que vous aimez comme vous n'avez jamais aimé. Cet être est le refuge de votre essentiel. Vous l'avez connu homme, puis il est devenu votre compagnon. Vous l'avez vu comme un père, comme une mère, comme un ami, comme l'amant, comme l'époux tant désiré, pour enfin, après toutes ces années, reprendre votre essentiel et lui laisser le sien. Enfin, vous l'aimez comme il est, sans vouloir le changer, sans vouloir contrôler son évolution. Vous l'aimez tout simplement comme un être vivant ayant sa propre vie, ses propres choix, sa propre couleur et ses propres engagements. Il vous semble que votre amour est inconditionnel car vous n'avez jamais aimé aussi librement. Puis, tout bascule, un projectile vient le heurter et les derniers mots que vous entendez de cet être sont un appel à l'aide et des gémissements de douleur. Vous entendez ces mots et vous ne pouvez l'aider. Cet être meurt sans que vous puissiez courir à son chevet. Oh si ! Lorsque enfin vous courez à son chevet, il est trop tard, déjà la vie s'est retirée de sa chair. Alors vous vous retrouvez devant l'horreur : cet être que vous aimez n'est plus. Une seconde avant il respirait encore, une seconde après tout était terminé. Je suis dans un mauvais rêve dont je vais me réveiller, qu'est-ce qui est vrai ? Avant ou maintenant ? Je ne sais plus [...] et pourtant le corps de Robert, étendu là, sur la pelouse, avec très peu de sang, ces images je les avais déjà vues. Elles envahissaient mon quotidien, tels des flashes, depuis des semaines. Je savais que quelque chose de grave allait

m'arriver, je le lui ai même dit quelques heures avant sa
mort. Comment aurais-je pu intervenir et changer le cours
de ce qui est arrivé ?

Extrait de mon Journal de deuil, janvier 2001

Étrangement, ce moment violent d'éveil à l'horreur nous est souvent annoncé bien avant qu'il ne se produise, soit par des rêves, soit par des intuitions ou des prémonitions. L'épreuve est souvent précédée d'une annonciation.

Marie a eu un rêve qu'elle a interprété avec son analyste, rêve dont elle a retrouvé les images lorsqu'elle attendait, à l'hôpital, la permission de se rendre au chevet de son fils :

À l'hôpital on m'a dit : « Il y a eu un accident. » C'est tout.
Donc, j'étais là et je déambulais un peu, je voulais le voir.
[…] On m'a dit : « Oui, mais il est en salle, ne vous inquiétez
pas. » Je me suis dit qu'il était en salle […]. Si on me dit de
ne pas m'inquiéter, ça va aller, il va sortir […] mais le temps
passait. Ça ne me semblait pas juste, pas logique […] jus-
qu'au moment où j'ai vu un grand monsieur, un chirurgien,
qui me regardait et qui est entré dans une pièce, et là je l'ai
suivi et c'est en le voyant que j'ai tout compris parce que cet
homme, je l'avais déjà vu dans un rêve.

Voici le rêve. Je suis dans un hôpital dont la façade a
été en partie détruite par des obus, les gens déambulent, et
moi, personne ne me voit, personne ne me regarde et je
suis profondément triste et je me dis : « Qu'est-ce qui
m'arrive ? » Je cherche l'ascenseur, j'appuie sur le bou-
ton, les portes s'ouvrent et une équipe médicale passe
devant moi. Le chirurgien se retourne et me dit : « Ce n'est
pas votre tour, il y a ici une urgence. » Je regarde et je
vois un lit blanc mais il n'y a personne dedans […]. Des
petits enfants rentrent dans l'ascenseur avant moi et là je

commence à rouspéter : « Mais ce n'est pas juste ! C'est moi qui devais monter avant. » Comme je me sens faible, je leur dis : « C'est moi qui devais monter avant ! Qu'est-ce que c'est que ça ?! Enfin, où est le respect, qu'est-ce que c'est ? Pourquoi cet ascenseur monte-t-il sans moi ? Pourquoi ce chirurgien me dit-il ça ? » Je suis fâchée et je me retrouve devant chez moi, on me montre les escaliers et mon mari qui les descend. Nous nous rencontrons, c'est comme s'il disait : « On va se remettre ensemble », alors je crie dans mon rêve : « Non, plus jamais ! » et je me réveille là-dessus. Chaque fois que j'ai voulu ouvrir les yeux pour me sortir du rêve, ils se refermaient sur mon rêve et je revoyais ce chirurgien que je ne connaissais pas et toute la scène.

Mon inconscient m'avait prévenu, mais le rêve n'est devenu significatif qu'à ce moment-là, en voyant ce chirurgien qui était le même que celui de mon rêve [...] par la suite ce n'est que quand j'ai vu le petit cercueil rentrer chez moi que la totalité du rêve m'est revenue.

À l'époque du rêve, le fils de Marie était toujours vivant. Le rêve a été interprété à la lumière du vécu du moment, mais une partie de ce rêve restait incompréhensible. Le jour de la mort de son fils, lorsqu'elle s'est retrouvée en présence des mêmes images, Marie a compris ce que le rêve avait tenté de lui annoncer. Son inconscient l'avait préparée. Une partie d'elle-même savait que son fils allait mourir.

Laurent nous raconte comment il a reçu, en rêve, juste avant l'annonce du diagnostic fatal de sa maladie, une invitation à changer de vie :

Au cours d'une formation que je suivais en thérapie psychocorporelle, je me suis rendu compte que la vie que je menais ne correspondait pas à ce que j'aurais vraiment voulu vivre. De plus, avant de tomber malade, j'ai suivi un séminaire sur la relation à l'enfant intérieur. La nuit qui a suivi ce séminaire, j'ai fait ce rêve : j'étais allongé sur un lit, et dans un premier temps il y avait d'abord mon grand-père maternel, qui s'est présenté et qui est venu s'asseoir à côté de moi, dans une présence très bienveillante, très rassurante. Et puis est venue se coucher sur le lit, à côté de moi, une adolescente qui, dans le rêve, avait les traits d'une de mes cousines quand elle était jeune et qui se couchait aussi à côté de moi, ce qui me troublait. La jeune fille a commencé à m'embrasser, c'était un baiser mais qui se transformait. Il y avait un liquide, comme de la salive, mais sans en être, qui sortait de sa bouche et qui rentrait dans la mienne et que j'avalais. Là, en recevant ce liquide, c'est comme si je sentais en moi toute une force, toute une énergie à l'intérieur de mon corps, qui descendait jusque dans mon sexe. Une énergie très forte, et avant de me réveiller, j'avais vraiment l'impression d'entendre une musique très douce, très sacrée. C'est ça qui m'a éveillé, et j'ai tendu l'oreille, j'étais persuadé que j'avais laissé tourner un CD dans la chambre [...]. Il n'y avait pas de musique, évidemment. »

Ce rêve m'annonçait qu'il était important pour moi de changer, de reprendre mon pouvoir sur ma vie. C'est comme si, dans ce rêve, la présence de mon grand-père maternel était là pour me dire : « Mais vas-y ! Tu peux vivre ta vie », et la vie m'était insufflée par cette jeune femme [...]. Après ce rêve, j'ai pu écrire et mettre sur papier tout ce que j'ai vécu pendant ce séminaire, et j'ai vraiment compris tout mon mode de fonctionnement jusqu'à ce moment-là. C'est cette nuit-là que j'ai écrit le conte intitulé : « Le petit garçon ».

Les signes ne sont pas interprétés, et s'ils le sont, qui d'entre nous veut consciemment vivre une crise ? Qui d'entre nous veut être heurté ? Qui d'entre nous appelle l'initiation ? Qui d'entre nous veut entendre le message d'une menace évidente et aller vers le changement nécessaire ? Qui d'entre nous reconnaît l'annonciation d'un événement malheureux, ou même heureux ? Nous sommes cantonnés à ce qui est mesurable, calculable et contrôlable, nous sommeillons dans une tour d'ivoire, souvent à la surface de notre vie. Alors la vie elle-même, par l'entremise de l'épreuve, nous invite à une vie plus profonde, plus alignée, plus reliée à l'énergie de nos profondeurs. Notre âme nous appelle. Entendrons-nous son chant ?

Laurent poursuit :

> *Ce rêve m'annonçait qu'à cette période-là je commençais à m'avouer que je n'étais pas si heureux que cela dans ma vie, essentiellement dans ma vie de couple. Je me voilais la face. Le rêve m'indiquait que ce n'était pas ça que je voulais : nier la réalité ne me rendait pas plus heureux. J'en ai parlé avec mon épouse à l'époque. J'en ai parlé, j'ai tenté de changer certaines choses, mais il y avait de sa part une grosse résistance au changement, à mon changement, ce qui fait que moi aussi je résistais et hésitais à enclencher un changement profond. Mais de plus en plus souvent, j'avais des flashes qui me disaient : « Il n'y a qu'une solution, c'est sortir de cette relation. » Pour moi, c'était, vis-à-vis de ma femme et de ma fille, quelque chose d'impensable, ou en tout cas de difficilement imaginable [...] cela aurait cassé l'image du père, surtout que la grande peur de ma fille, dont elle parlait, était que ses parents se séparent.*

Se peut-il que notre inconfort soit suffisamment confortable pour que nous n'écoutions pas l'invitation profonde de notre monde intérieur à changer de vie ? De quoi avons-nous besoin pour nous réveiller et oser vivre une vie qui corresponde à la dimension profonde de notre évolution ?

Et Laurent ajoute :

> *Avec le recul, je me rends compte qu'il y avait quand même tout un pan de ces prises de conscience qui provenait de mon travail personnel sur moi-même, dont je ne voulais pas trop parler dans mon milieu professionnel et dans mon entourage. C'est quelque chose que je tenais un peu secret […]. La peur aussi qu'on dise : « C'est quoi, ces trucs-là, sectes, machins […] » Je me rends compte, avec le recul, que je ne touchais pas trop à l'image que je continuais à donner à mes amis, à mon entourage. J'ai commencé à vivre un conflit qui devenait de plus en plus fort entre ce que je ressentais intimement au fond de moi, et ce qui commençait à naître à travers mes rêves, à travers ce que j'avais compris, à travers mes lectures : ma vie n'était pas là […] mais même si je ressentais que ma vie n'était pas là, je n'agissais pas, je ne prenais aucune décision, je ne faisais aucun changement. Et de plus en plus je me sentais en porte-à-faux, en décalage. C'était comme quelque chose qui, en quelque sorte, me tirait par la jambe : « Qu'est-ce que tu fais là, est-ce que ta vie est en accord ? » Et donc, le conflit est devenu de plus en plus fort et les symptômes physiques ont commencé, d'abord par une gêne dans la nuque, qui, petit à petit, s'est transformée en difficulté à tourner la tête.*

Toutes les personnes qui témoignent dans ce livre vivaient déjà un inconfort important, inconfort auquel elles s'étaient habituées. Et pourtant, les rêves ne mentent pas, le corps ne ment pas, les événements de notre vie ne mentent pas, il n'y a que nous qui avons le pouvoir de nous mentir à nous-mêmes.

Mais attention, les rêves ne sont pas que prémonitoires, ils peuvent aussi être des échappatoires par rapport à une réalité consciente difficile (par exemple, les prisonniers rêvent qu'ils s'évadent). Nos rêves nous donnent des informations sur notre vécu présent, sur ce que nous avons refoulé, et sur ce que nous ne voulons pas voir. Rêver qu'un de nos parents meurt ne veut pas dire qu'il va mourir. Les rêves ou les signes prémonitoires ne sont pas les messagers d'une fatalité.

Marie témoigne des signes précurseurs de la mort de son fils, trouvés dans des dessins laissés dans sa chambre :

> *Un jour, j'ai lu les livres d'Élisabeth Kubler Ross[1] et j'ai reçu des réponses aux dessins que j'ai trouvés. Je cherchais des signes, des messages que mon fils avait laissés avant sa mort, et effectivement il y en avait. Il n'était pas un grand dessinateur, mais il a dessiné l'endroit où ça s'est passé, la petite chapelle, le lieu où il est mort, là où a eu lieu l'accident. Il a mis un enfant sous une voiture et il en a mis un deuxième couché par terre. En fait, il y a eu deux morts ce jour-là. [...]. La réalité étant trop dure, les rêves et les signes sont des messages de l'inconscient, comme si on [...] me préparait déjà.*

Tout comme les prémonitions, les rêves annonciateurs sont souvent difficiles à interpréter. Toutefois, les signes que nous envoient ceux qui vont nous quitter sont des messages qui semblent très clairs :

---

1. Élisabeth Kubler Ross (1926-2004), psychiatre et psychologue, est une pionnière des soins palliatifs et de l'accompagnement des mourants. Elle a décrit les cinq stades du deuil par lesquels passe une personne qui apprend qu'elle va mourir (déni, colère, marchandage, dépression, acceptation) et a étudié les expériences de mort imminente (NDE : *near death experience*).

Souviens-toi, Robert, quelques heures avant l'agression, nous étions en voiture avec ma nièce et nous passions devant un cimetière typiquement dominicain. Tu lui as fait l'éloge de ce cimetière entre falaises et mer. Elle t'a demandé où nous voulions être enterrés. Toi, tu lui as répondu que ton corps n'était pas important, et que tu me laissais le choix de faire ce que je voulais de ta dépouille. Moi, je me suis tue à cause de la prémonition. Comment est-il possible que je n'aie pas compris les signes que tu nous envoyais ? Quelle ne fut pas l'horreur de constater que vingt-quatre heures après ce moment d'intimité dans la voiture, tu étais déjà mort, que j'avais déjà eu à décider de ce que je ferais de ta dépouille, que je te déposerais sous terre dans ce même cimetière. J'avais peur de devenir folle de douleur.

Extrait de mon Journal de deuil, janvier 2001

Ces messages, ces synchronicités, ces rêves annonciateurs, ces prémonitions nous mettent en présence d'un mystère. Ils nous informent, ils nous préparent, c'est pourquoi il est important de reconnaître leur intelligence mais sans leur donner systématiquement une valeur prémonitoire.

Neuf mois avant ta mort, j'ai fait ce rêve, que j'ai intitulé : « La folle sauvage ». Je roule en voiture et je croise une femme qui est au bord de la route et qui me crie de m'arrêter. Je ne le fais pas, car j'ai peur. Cette femme semble un peu bizarre, elle ne m'inspire pas confiance. Je regarde dans le rétroviseur et je vois qu'elle court après moi avec la force d'une femme bionique. J'accélère, mais elle court plus vite et me rattrape pour tenter d'arrêter mon véhicule. J'ai très peur de cette femme. Car elle me semble être vraiment folle. Puis elle se réfugie dans la forêt jouxtant la route. J'arrête ma voiture et je tente de la suivre en cachette. Elle est en haillons, courbée sur elle-même, et elle pleure. Je communique avec elle télépathiquement. Je lui demande ce qu'elle me veut et elle me révèle qu'elle porte en elle la souffrance de toutes les femmes qui ont perdu un époux, soit à la guerre, soit par la maladie, soit à la suite d'une agression. Elle me demande de l'aider à porter cette souffrance. Je suis très étonnée car je ne me sens pas concernée par cette souffrance [...]. Je sors de mon rêve [...].

Je suis au mois de mars 2000. Je me souviens que toi et moi avons décidé d'entreprendre consciemment un processus de nettoyage de notre vie de couple : remettre à neuf notre relation, transformer les liens de dépendance entre nous, les habitudes dans lesquelles nous nous sommes endormis. J'interprète le rêve, à cette époque, en me disant que je vais mourir à une dimension de notre couple et aux projections que j'y ai mises.

Comment aurais-je pu comprendre que mon inconscient m'annonçait la souffrance que j'allais vivre ? Comment aurais-je pu entendre que tu allais mourir ?

Extrait de mon Journal de deuil, février 2001

Nous sommes souvent préparés au pire par des parties de nous-mêmes qui savent, mais nous ne voulons pas entendre car nous ne pouvons pas imaginer que l'inimaginable soit possible.

2

Le choc

Sont appelés épreuves les événements prévisibles ou imprévisibles qui nous mettent à nu, qui nous font perdre, en l'espace d'une seconde ou plus, nos cuirasses, nos constructions, et notre contrôle. Le choc est réel, l'événement nous heurte à la fois dans notre corps, notre psyché et notre âme.

Anne décrit dans son journal le processus par lequel elle est passée avant de découvrir que son ex-conjoint s'était suicidé. Le texte s'intitule « Statique ». Voici comment elle raconte sa rencontre avec l'inimaginable :

> *Ce matin-là, l'hiver est ordinaire mais une sonnerie de téléphone déclenche le mouvement de bascule de mon Univers. « Raz-de-marée, puis néant. » Au bout du fil, une voix inconnue [...]. Les phrases émergent du brouillard et transpirent l'urgence. Les mots sombres annoncent le drame. À ce moment, je sais déjà. À ce moment précis, mon corps s'éteint, la lumière s'obscurcit et le néant m'agrippe. Surtout, repousser le moment. Pourtant, l'urgence m'alourdit un peu plus et ralentit mes mouvements. L'obsession s'installe : respire sans faute, respire sans faute, respire. [...] Mon cœur se place en mode survie, mes tympans se bouchent, je n'entends plus [...]. Tout est figé.*

Statique. Même le vent a perdu son souffle. Respirer. Seulement respirer pour étouffer cette intuition démente [...]. Mon regard est attiré par une feuille sur une table blanche, où des mots noirs organisent tes dernières volontés [...]. Je me paralyse, la chaleur de mon sang se dérobe. [...] Besoin d'air, je vais attendre dehors. Pourquoi mes poumons pompent-ils comme s'ils avaient réussi une épreuve d'endurance ?

Dans ce texte, Anne illustre le moment de heurt où l'on rencontre une puissance plus forte que le moi construit. Nous rencontrons la force de la vie à l'état brut et sauvage. Nous rencontrons aussi la force de la mort qui balaie tout sur son passage, sans compromis, sans condition. Nous sommes face à cette puissance extrême dont nous nous sommes protégés toute notre vie de manière inconsciente ou consciente. Nous avions peur de vivre ou de mourir, et l'épreuve nous met en présence d'un choix : continuer de vivre face à l'inimaginable, ou choisir de mourir car c'est intolérable. Ce choix au moment du choc ne peut être pris consciemment. Car nous sommes également, nous qui pensions contrôler notre vie, face à une impuissance extrême. En présence de l'innommable, nous sommes perdus. La vie et la mort se révèlent à nous dans leur mystère le plus profond. Même si nous savons que l'irréversible est là, nous le nions, nous nous dissocions de lui. Il est intolérable, pour notre moi conscient, d'absorber à la fois le choc et l'onde de choc.

Marie raconte ce qu'elle a ressenti face à l'accident crânien irréversible de son fils :

Je ne voulais pas penser, mais une pensée était présente : « Non, ce qui arrive n'est pas possible, il doit sûrement y avoir une solution. »

Anne nous dit quelles pensées l'ont traversée quand elle a lu les dernières volontés de son ex-conjoint :

> *Dans la cuisine, j'ai vécu quelque chose que je n'avais jamais ressenti aussi fort en termes d'expérience. J'ai vraiment senti dans mon corps quelque chose qui rentrait, comme si j'étais branchée sur 220 volts. J'avais l'impression d'avoir fait un rêve [...]. Là, il s'est passé quelque chose de physique, c'était très physique, je le sentais. C'est comme si j'étais traversée par un courant électrique très fort.*

L'intensité de la rencontre avec ce mystère a le pouvoir de nous révéler à notre propre puissance de vie et de transformation, mais cela même nous l'ignorons. Elle a le pouvoir de nous réveiller, de nous secouer, de nous projeter dans un élan de vie, nous obligeant à puiser dans des ressources ignorées de nous-mêmes : ressources instinctives certes, mais combien importantes en raison de la lucidité et de la possibilité de métamorphose qu'elles nous apportent. Nos masques et nos carapaces portés depuis si longtemps tombent. Nous sommes soudainement chassés de notre tour de contrôle et de notre prison dorée. Nous sommes expulsés du paradis de l'innocence, où nous tentions de vivre dans une sécurité libre de tout danger, et nous voici livrés à l'horreur soudaine d'une souffrance qui nous coupe en deux, et dont nous nous sommes protégés toute notre vie[1].

Dans son témoignage, Guillaume nous décrit le moment où il a constaté qu'il avait raté son vol et laissé partir son groupe seul vers l'Asie :

> *J'ai vu le ciel me tomber sur la tête et, d'un seul coup,*

---

1. Marie Lise Labonté, *Le Déclic*, *op. cit.*

la honte et une énorme culpabilité m'ont happé. Tout a commencé là [...]. Mes émotions étaient mitigées. Il y a d'abord eu une forme d'incompréhension : « Que s'est-il passé ? » J'ai vécu trois états différents : la colère, l'impression de tomber des nues, et l'impression que quelque chose s'était irrévocablement cassé. C'est comme si je voyais à l'avance tout ce qui allait arriver. C'était un mélange de sensations : le sol se dérobait sous mes pieds, j'avais l'impression que je ne pouvais m'accrocher à rien, et j'avais une envie folle de me cacher, de rentrer dans un terrier plutôt que d'affronter ce qui allait suivre. C'était un moment de non-temps.

Ce moment de « non-temps » est comme un « arrêt sur image » d'une réalité dans laquelle nous nous sommes endormis et à laquelle nous nous sommes identifiés. Anne, par exemple, ne croyait pas que son ex-conjoint allait passer à l'acte. Pourtant, combien de fois l'avait-il menacée de se suicider ? Marie sentait que la voix de son fils était triste le jour où il est mort accidentellement, elle sentait qu'il n'était pas comme d'habitude. Mais elle s'est dit qu'il souffrait de la voir malade, épuisée, et qu'il était triste que son père et elle se soient séparés. Guillaume, lui, partait pour l'Asie avec un nouveau groupe et, comme d'habitude, il flânait un peu devant le kiosque à journaux avant d'embarquer, pour savourer un dernier moment d'intimité avec lui-même, loin de toute responsabilité. Mais voilà, sous l'effet des stupéfiants, il n'a pas vu le temps passer. Laurent, qui se levait toujours le corps souple, s'est levé ce matin-là avec un étrange torticolis bilatéral, et l'ostéopathe en lui s'est questionné. Éloïse, elle, ne se doutait pas qu'en son sein elle portait un début de cancer, et qu'en répondant la nuit à un autre coup de fil de son ex-mari qui la harcelait, son nouveau partenaire allait l'abandonner à sa misère.

L'épreuve a le pouvoir de faire basculer un existant que nous pensions bien acquis, bien réel et bien fixe, selon notre perception. Puis, soudain, tout devient irréel. Nous avons alors l'étrange impression que Dieu nous a abandonnés, tandis que d'autres personnes pensent qu'elles sont le jouet d'une fatalité implacable. Punis sans savoir pourquoi, nous sommes soudainement livrés à la souffrance humaine dont nous entendons parler à la télévision. En raison de nos croyances, de nos attitudes, de nos « cela n'arrive qu'aux autres », nous nous sommes distanciés des cauchemars médiatiques. Et voici que l'autre, c'est nous ! Inimaginable ! Impensable !

Laurent, l'ostéopathe, témoigne :

> *C'est un mauvais rêve, dites-moi que je vais me réveiller à ma vie d'avant ! […] À l'époque, je me disais : « Tiens, tu as un torticolis ! », mais c'était particulier, parce que c'était des deux côtés, il n'y avait pas plus de douleur d'un côté que de l'autre. J'ai fait quelques tentatives pour débloquer […] mais sans résultat sur les symptômes. Au contraire, ça s'accentuait de plus en plus, jusqu'à ce que je devienne incapable de tourner la tête. Et puis, cette tension, cette raideur a commencé à s'installer dans le haut du dos, puis au milieu du dos, puis dans la cage thoracique, jusqu'à prendre toute la colonne vertébrale, le bas du dos, et le bassin. Et c'est à ce moment-là que j'ai consulté […]. Puis les symptômes ont continué d'augmenter et le rhumatologue m'a dit : « Je suis persuadé que c'est une spondylarthrite ankylosante. » C'est ça qui m'a fait comme un choc. En tant qu'ostéopathe, j'avais côtoyé bien des patients atteints de cette condition, je connaissais l'évolution de la maladie.*

Soudain, nous sommes projetés dans une initiation à une douleur humaine qui nous relie aux autres. Car d'autres sur

terre ont connu comme nous le choc de l'épreuve. Marie
témoigne :

> *Il se fait que dans cette chambre, ce jour-là, plus ou
> moins à la même heure, un autre enfant a eu le même
> accident et a été encore plus gravement blessé. Ils étaient
> tous les deux branchés à un respirateur et, à cinq heures
> de l'après-midi, les parents de cet enfant ont décidé de le
> débrancher. [...] Moi, je ne voulais pas penser, je n'étais
> pas prête. Tant que la machine fonctionnait, il était tou-
> jours là. Je ne réalisais pas que le respirateur respirait à
> sa place.*

Même si nous sommes perdus, dévastés, fragiles comme
des fétus de paille, nous sommes reliés à la marée de la
souffrance planétaire. Nous faisons partie de ceux qui ont
perdu le refuge de leur essentiel. Nous avons l'impression
d'être seuls mais, inconsciemment, nous sommes reliés aux
autres par ce sentiment primitif et originel d'avoir perdu
quelque chose ou quelqu'un en qui nous avions mis une
partie de nous-mêmes, une identité, une foi, une valeur, un
royaume, un futur. À l'annonce du diagnostic, Laurent a
perdu son intégrité physique, Marie, son fils de huit ans,
Anne, son ex-conjoint, Éloïse, son amour, et Guillaume, son
identité professionnelle.

Si l'épreuve nous semble si dévastatrice, c'est parce qu'elle
nous force à vivre ce que nous avons voulu éviter toute notre
vie : la rencontre avec la solitude, la perte et la séparation.
Cette blessure nous déchire l'âme. Mais en même temps,
l'épreuve sera révélatrice, car le choc ira chercher en nous une
grâce sauvage dans l'expression de nos forces vitales brutes,
dans l'expression d'une partie de nous-mêmes que nous avons
ensevelie. Comme en témoigne Anne dans « Statique » :

Les roues de mon véhicule arrivent difficilement à avancer sur la neige immaculée [...]. Autrefois, ce décor faisait partie de mon bonheur. Devant mes yeux, l'arbre grand-père protège encore la demeure centenaire. Maintenant, tout s'est figé. Tout est statique. Même le vent a perdu son souffle [...]. Aucune trace de vie, sauf deux vestiges de voitures gelées ensevelies sous d'épaisses couettes de neige duveteuse. Le message d'attente du service des urgences rapplique dans mon oreille puis frigorifie mes entrailles, à me glacer le sang. Mon cœur se place en mode « survie ». Mes tympans se bouchent... ne plus entendre. Respirer. Seulement respirer pour étouffer cette intuition démente que tu as cessé d'exister.

Ce choc qui nous ouvre en deux est un moment d'horreur, mais aussi d'éveil. Grâce aux réactions chimiques hormonales qu'il suscite dans notre corps et notre cerveau[1], il nous donne une puissance surhumaine et une lucidité aiguë. Car ce heurt nous sort de notre torpeur et nous éveille à la possibilité qu'il existe quelque chose de plus grand que nous ; qu'il existe l'implacable mort et la vie à l'état brut, dépouillées des apparats dont nous les avions revêtues. Nous sommes soudainement en contact avec l'autre côté du miroir. Nous accédons à une perception autre de notre réalité. Tout devient à la fois très réel, et en même temps illusoire. Nous avons l'impression d'être comme dans un rêve. Mais où est le rêve ? Est-ce la vie d'avant l'événement ? Ou est-ce l'événement lui-même ? Et le rêveur ? Où est le rêveur ? Et si nous étions le rêveur que l'on vient d'éveiller ? Comme le dit Dzogchen Ponlop Rinpoché dans son livre :

Du point de vue de l'éveil, du point de vue de l'absolu, notre expérience de cette vie n'est vraiment pas celle de

---

1. Évelyne Donini, *Quand la peur prend les commandes : comprendre et surmonter le traumatisme psychologique*, op. cit.

quelqu'un de réveillé. C'est un rêve, un rêve plus long que les autres[1]...

Dans ce moment de choc où nous sortons du rêve de notre paradis de l'innocence, en présence de l'inimaginable, nous constatons parfois que nous avons été avertis. Nous relions notre vécu à des images similaires transmises lors d'une vision annonciatrice. Certains d'entre nous ont déjà été avertis de ce qu'ils allaient vivre. Mais là, face à ce que nous ne pouvons pas changer, nous associons la prémonition, le rêve annonciateur à l'événement que nous vivons. Nous accédons à cette conscience élargie par l'état de choc qui nous permet une expérience de non-temps où le passé, le présent et le futur existent en un seul moment, un réel moment d'éveil. Nous ignorons que ce choc va nous entraîner dans une métamorphose de notre vie.

Guillaume témoigne de ce moment de conscience :

> *Pendant cette période d'incrédulité, les pensées vont vite, mais c'est surtout pendant les minutes qui suivent qu'elles vont vite, beaucoup plus vite [...]. « Comment vais-je faire ? » ; « Qu'est-ce que je peux faire ? ». C'est là qu'apparaît l'épreuve. C'est comme si on mourait car on voit finalement tout ce qui s'est passé et on analyse le tout et les retombées aussi rapidement que si une intelligence supérieure en nous pouvait faire une estimation de l'ensemble et offrir des solutions. Des solutions qu'il nous est impossible de recevoir car nous sommes en état de choc.*

---

1. Dzogchen Ponlop Rinpoché, *L'esprit au-delà de la mort*, Éditions du Jour, Montréal, 2009.

3

L'onde de choc

Le choc fait trembler notre terre intérieure comme une secousse sismique sous-marine soulève une vague géante, une déferlante qui balaie tout sur son passage. Si, dans notre vie d'avant, nous étions déjà en survie, si nous tentions en apparence de vivre, ou si nous étions endormis, nous sommes alors ballottés par le raz-de-marée. Il ne peut en être autrement, le choc nous a surpris et son onde nous met en mouvement. De nouveau, nous plongeons dans la survie, essayant de ne pas être noyés par la vague qui, malgré notre volonté, nous entraîne. Mais nous connaissions déjà la survie dans l'ancien paradis de notre innocence. Nous avions donné une partie de notre force originelle pour être modelés ; nous avions déjà consacré un peu de notre potentiel vital pour construire des refuges de notre essentiel ; nous avions déjà donné de quoi orner nos prisons dorées. Et voici que l'événement nous rappelle encore une fois à la survie. Mais cette fois-ci, l'expérience sera différente. Certes, nous avons l'air de « survivants d'après l'épreuve », alors que tout au contraire nous sommes plus que vivants. Car l'épreuve nous met face à la Vie. Et cette vie qui frappe à notre porte est brutale. Elle nous secoue. Réveille-toi ! nous dit-elle. Alors, sommes-nous prêts à rencontrer l'essentiel ?

Grâce à l'onde de choc, notre nature profonde et instinctive, que nous avons inconsciemment endormie, nous entraîne sur un chemin peu fréquenté. Nous ne pouvons pas expliquer ce qui est inexplicable. De nos jours, les recherches en neuro-psycho-physiologie[1] nous indiquent que, face à l'épreuve, notre nature animale prend la relève de notre vie construite[2]. Même si les scientifiques peuvent expliquer ce phénomène, il n'en reste pas moins que pour nous qui le vivons, cet appel à préserver la vie face à la mort est inexplicable.

> *Je suis derrière le rideau de lin et l'homme qui vient de tirer sur mon époux est là. Il a tiré deux fois, c'est un code. Il veut nous dire qu'il est dangereux. Il ne me voit pas et je ne le vois pas mais je le sens. Si je bouge, il me tue. J'entends mon mari qui appelle à l'aide mais je sais que c'est trop tard et qu'il va mourir. Une voix me dit que c'est trop tard. La prémonition se réalise. Tout mon être veut courir à son chevet pour l'aider mais j'entends en moi une voix qui me dit : « Préserve la vie ! » Préserve ce qui est vivant. D'autres coups de feu dans la nuit... Ce sont les gardiens qui ripostent. Ils avertissent l'homme. Le tam-tam des coups de feu. L'homme s'enfuit. Je sors de derrière le rideau et j'appelle ma nièce. « Préserve la vie, me dit la voix, préserve ce qui est vivant. »*

Extrait de mon Journal de deuil, janvier 2001

La vague de fond nous secoue, elle peut nous entraîner vers la mort. Cela, nous le savons intrinsèquement. Nous sentons pointer en nous l'instinct de vie à l'état le plus sauvage, le plus fondamental. Un feu puissant commence à nous brûler, tel un appel à nous reconnecter à la terre, à nos élans, à nos envies.

---

1. Nicole Boisacq-Schepens et Marc Crommelinck, *Abrégé de neuro-psycho-physiologie*, tome 2, « Abrégé », Elsevier-Masson, 1996.
2. Évelyne Donini, *Quand la peur prend les commandes : comprendre et surmonter le traumatisme psychologique, op. cit.*

Même si nous tentons de les refouler, des états de colère, de révolte et de rage secouent le bon garçon et la bonne fille – rôle dans lequel nous nous cantonnons – et donnent encore plus de nourriture à l'éternel adolescent que nous sommes. L'impuissance et le désespoir font trembler les murs de notre forteresse de « socialement correct ». Pulsions de mort, pulsions sexuelles, rage de vivre et sentiment de toute-puissance couronnent le tableau de l'écroulement. Si le choc nous réveille, son onde, tel un raz-de-marée, nous engloutit. Cet appel de la vie fait partie de la dimension de la mort que nous côtoyons intrinsèquement. La terre fragile et désertique sur laquelle nous évoluons n'a pas arrêté de trembler. Illusions que de penser qu'une fois le choc passé nous allons vivre comme avant. Au contraire, car nous sommes toujours soumis aux secousses sismiques intérieures qui non seulement nous ébranlent, mais nous prennent par surprise. Un grand nombre d'entre nous n'ont pas mémoire d'avoir jamais vécu des moments aussi intenses. Malgré le fait qu'une partie de nous vient de mourir, nous avons cette impression soudaine d'être terriblement vivants et d'avoir une acuité et une lucidité extraordinaires.

Je marche dans Paris, je traverse les rues comme si j'étais aveugle, je ne regarde ni à gauche ni à droite, je traverse par instinct. Je n'ai plus peur, je n'ai plus peur de rien. J'ai rencontré le pire, alors que peut-il m'arriver de plus ? Je me sens toute-puissante. Une partie de moi m'observe, je sais que je suis en contact avec l'onde qui suit le choc. J'ai l'impression que c'est un autre sang qui coule dans mes veines. Rien ne peut m'arriver. C'est une illusion, je le sais mais je la savoure. Je viens de mourir et je suis plus vivante que jamais.

Extrait de mon Journal de deuil, février 2001

Anéantis par des états contradictoires de grand élan et de grand effondrement, nous ignorons que c'est cette force de vie dans son état le plus fondamental qui nous donne l'élan nécessaire pour continuer de vivre.

Se juxtaposent en nous à la fois l'envie de mourir face à l'inimaginable et le désir profond de vivre comme si nous étions des condamnés à mort. Nous sommes en présence de forces en opposition, car nous côtoyons autant le désespoir qu'une force de vie à l'état sauvage. Le sentiment que notre vie ne sera plus jamais pareille habite tous nos systèmes. Nous savons que notre vie ne sera plus jamais pareille mais nous ne savons pas *comment* elle ne sera plus pareille. Que ferons-nous de notre vie maintenant que nous sommes à la fois morts et très vivants ? Il nous est difficile de répondre à cette question car, sous nos pieds, la terre continue à trembler.

Le choc amène derrière lui une onde qui déchire le voile, qui ouvre une brèche dans la muraille de notre tour d'ivoire. L'homme et la femme que nous étions, avec leurs masques et leurs fioritures, se sont transformés en homme et en femme dont la grâce sauvage se réveille. Même si nous avons envie de mourir pour ne plus souffrir, il nous est maintenant difficile de dire « non » à la vie qui dormait en nous et qui s'est réveillée. Laurent témoigne :

C'est le verdict qui m'a fait comme un choc. Je me suis dit : « Avec une maladie auto-immune de ce type, tu es parti pour aller de moins en moins bien. » Effectivement, il n'y a pas de vraie solution médicale, si ce n'est d'atténuer un peu les symptômes avec des anti-inflammatoires. J'ai commencé à avoir peur, et le déclic s'est produit. Un matin, alors que je faisais mes mouvements psychocorporels quotidiens pour essayer de garder la plus grande mobilité possible, je me suis mis sur le dos. Cela faisait partie de la routine. Mais le problème, c'est que je n'arri-

vais plus à revenir sur le ventre. Je ne pouvais presque plus bouger, c'était terriblement douloureux, que ce soit pour rouler sur le côté, ou me mettre debout. J'ai eu soudainement l'image d'une tortue retournée, avec ses petites pattes qui gigotent, et qui n'arrive pas à se remettre sur le ventre. Quel choc ! D'abord, cette image m'a fait rire, puis le rire s'est transformé en larmes et en profonde tristesse. Je me suis dit : « Est-ce que tu vas continuer comme ça ? Tu ne peux pas continuer à vivre de cette façon. » C'est ce moment qui m'a donné le courage de dire à mon épouse : « Écoute, ça ne va plus, j'ai besoin d'un temps de pause, ne serait-ce que deux ou trois semaines hors de la maison, pour voir comment ça se passe. » Pour moi, juste annoncer ça, c'était énorme, mais en même temps je choisissais de vivre.

Laurent a soudainement été mis en présence de ce qu'il ne pouvait plus accepter dans sa vie. Son corps ne lui mentait pas, il lui donnait accès, par le truchement de la maladie, à une vérité profonde, à ce qui était essentiel pour lui.

4

La brèche dans la muraille

L'onde de choc de l'épreuve ouvre une brèche dans la muraille de notre édifice, de notre tour d'ivoire. Nous sommes entraînés par cette puissance dans un rite de passage : nous devons choisir entre vivre et mourir. Ce choix nous est donné parce que nous avons la capacité de le vivre consciemment. Comme si la vie nous appelait à sortir de nos retranchements de survivants. Nous n'avons plus dix-huit mois, trois jours ou cinq ans. Nous ne sommes plus dans le ventre de notre mère. Nous avons maintenant la force et la certitude de pouvoir entrer dans une vie consciente, à l'opposé d'une vie non choisie, d'une vie contrefaite. Rien ne nous retient plus d'aller vers l'essentiel de notre vie, rien... sauf nous-mêmes. Alors, que choisissons-nous ?

Laurent raconte :

Avant d'être malade, j'en étais arrivé à ne plus être en contact avec mes envies, mes élans, mes besoins. Mais je me pliais aux élans des autres, pas toujours par sacrifice, mais parce que pour moi c'était finalement devenu comme une seconde nature. Il était plus facile de dire : « Fais comme tu veux, moi je ne sais pas. » Et à travers la maladie et la prise de conscience que cette dernière a provoquée, j'ai retrouvé le contact avec mes besoins, mes élans, mes désirs : « Qu'est-ce que j'aime ? » ; « De quoi ai-je envie ? » ; « Qu'est-ce que je veux faire ? » ; « Qu'est-ce que je ne veux plus faire ? ». En ce sens-là, l'épreuve de la maladie fut un vrai cadeau : j'avais retrouvé mon élan, et ce qui était important pour moi dans ma vision de la vie, de ma vie. « Quelles sont les valeurs que je défends ? » ; « Quelles sont au contraire les choses que je n'accepte plus ? » ; « Je ne veux plus me compromettre en faisant des choses qui ne me correspondent plus, donc, je suis prêt à perdre, à laisser tomber des choses si elles ne vont pas dans le sens de ce que j'estime important pour moi. » J'ai vécu non seulement une guérison du corps, mais aussi une guérison de tout mon être.

Nous sommes ouverts, face à tous ceux qui ne sont pas encore sortis de leur paradis illusoire et qui, du haut de leur tour d'ivoire, nous regardent tandis que la force de l'épreuve nous soulève. Ils observent cette souffrance humaine qui nous frappe, cette souffrance inhérente à toute vie. Ils nous voient nous humaniser grâce au pouvoir éveilleur de la douleur. Tombés de notre propre tour d'ivoire, nous sommes plus vulnérables, et par le fait même plus humains.

Parfois, cette douleur s'exprime de manière excessive par l'entremise des parties « ombres » de nous-mêmes. Nous exprimons alors de façon directe ou indirecte notre colère et notre ressentiment envers la vie elle-même. La brèche se crée petit à petit et nous restons aux prises avec un vécu douloureux qui fait de nous, dans notre monde intérieur, des hommes et des femmes sauvages isolés de leur communauté. La société, nos amis, notre entourage nous accordent un certain temps pour vivre le choc, et peu de temps pour le reste. Ce reste qui émane de notre force primitive n'est pas reconnu et, par le fait même, nous avons l'impression d'être devenus des êtres à part, différents.

Pendant des mois, notre souffrance est tolérable, quantifiable et calculable. On mesure pour nous : une grande ou une petite épreuve, une douleur d'une semaine ou d'un mois, voire d'une année, mais pas plus. On nous dit que nous devons « nous tenir debout », « être forts » et, surtout, « faire comme si de rien n'était ». Vite reprendre la vie d'avant et, surtout, ne pas trop laisser paraître, car notre état menace le système.

Guillaume témoigne de ce passage :

> *Comme un enfant qu'on punit, j'ai été jusqu'à m'isoler de tout ; je n'arrivais plus à retrouver mon identité. Je n'avais ni la confiance ni l'assurance nécessaires ; je m'enlisais dans une forme d'isolement, de protection, de bulle. Je me sentais tellement honteux et coupable que j'évitais de sortir de chez moi, ou que je sortais le moins possible. Finalement, j'ai été jusqu'à la dépréciation totale. Je me suis identifié à la blessure de non-reconnaissance. Comme je n'étais que la blessure, je suis devenu irritable. Je dépréciais tout, je n'étais pas en accord avec mon temps, ni avec la société dans laquelle je vivais. Je me suis retrouvé dans l'état du sauvage, de l'anarchiste qui ne veut plus avancer, alors que je ne vivais l'épreuve que depuis un mois seulement.*

La brèche dans la muraille survient plusieurs jours après le heurt et s'élargit au cours des mois qui suivent. Nous sommes alors aux prises avec le réveil des forces instinctives de colère, de révolte et d'euphorie, et dévorés dans nos sables mouvants par la culpabilité et son cortège d'autopunition. Car, malheureusement, nous sommes coupables d'être différents, coupables d'avoir été témoins de l'inimaginable, coupables d'exister[1] alors que la mort est venue se coller à nous de si près, coupables de pleurer intérieurement alors qu'il faut sourire, coupables du « oui… mais si j'avais pu faire autrement », coupables tout simplement de n'avoir pas pu prédire l'inimaginable. Nous sommes devenus des hommes et des femmes portés par un flot qui ébranle nos constructions anciennes. Nous ignorons qu'une fissure s'est créée pour permettre le passage d'une puissante vague de fond qui va nous entraîner loin des rivages de notre vie actuelle, afin que nous puissions vivre une initiation qui va nous permettre de nous rencontrer.

Un décalage, une tension se produit entre nos énergies primitives et nos tentatives de retourner à notre vie d'avant. Certaines excentricités nous sont permises : dépenser de l'argent, changer de coiffure, déménager… Mais avoir un besoin irrépressible de faire l'amour alors que nous venons de perdre un enfant ; avoir envie de rester au lit quand le diagnostic d'une maladie grave nous est révélé ; en vouloir à la terre entière parce que la vie continue alors que nous avons rencontré l'inimaginable ; avoir besoin de fuir notre ancienne vie et notre entourage, cela n'est pas permis.

Même si nous tentons de retourner à notre vie d'avant, nous savons que notre vie ne sera plus jamais pareille. Ce moment intense de lucidité est si brutal que nous le laissons passer. Nous ne pouvons nous y attarder car nous passerions de l'autre côté du miroir. Mais cette pensée, même si elle est furtive, fait son chemin alors que nous tentons de reprendre notre vie, et elle est si brutale qu'elle déchire l'écran derrière lequel nous nous cachons depuis longtemps. À elle seule, cette pensée rompt une dimension de nous-mêmes, car il est extrêmement difficile pour notre personnalité de reconnaître que, en l'espace d'une seconde, notre vie a basculé. Dans

---

1. Françoise Dolto, *La Difficulté de vivre, op. cit.*

notre tentative de reprendre notre vie d'avant, il y a toujours cette pensée qui se cache, latente et implacable : « Ma vie ne sera plus jamais pareille. » Elle lève le voile, ouvre les fortifications, fendille les fausses bases sur lesquelles nous avons construit notre vie d'avant ; elle nous appelle au changement. Malgré le fait que nous vivons cela tous les jours et que la seconde qui passe n'est plus la seconde qui vient, nous sommes face à une implacable réalité : nous allons changer. L'épreuve nous éprouve, elle nous entraîne dans un non-temps. Le temps s'est arrêté parce que notre vie d'avant s'est interrompue, et voilà que la vie appelle la vie. Le raz-de-marée nous entraîne. Allons-nous résister, ou lâcher prise ?

Je suis assise devant les murs blancs de la clinique médicale de l'université de Montréal. J'entends encore le médecin me dire que j'ai une maladie « incurable ». Ma vie d'étudiante et ma vie de femme viennent de basculer. J'ai vingt et un ans, je suis arthritique, et c'est à vie. Étrangement, je me sens soulagée, je viens de comprendre que tout se tient. J'ai toujours su que quelque chose n'allait pas. La maladie est là et me le prouve. Depuis des années, je déteste ma vie, mais je n'ose pas me l'avouer. J'ai toujours voulu fuir cette existence calquée, mais non, j'ai suivi la vie de mes parents, la vie des autres. Et voici le résultat. Si au moins j'avais écouté MA vie...

Extrait de mon Journal d'autoguérison, avril 1977

5

La mobilisation

Plus la brèche se creuse dans la muraille, plus les réactions primaires se multiplient – jusqu'à nous submerger. Notre quotidien devient difficile à affronter. Nous sommes habités par cette grâce sauvage qui pousse en nous et, en même temps, la vie continue son cours. Notre entourage tente, après l'effet de choc, de se mobiliser pour nous aider, nous soutenir et nous garder inconsciemment dans le système déjà tracé pour nous et par nous.

Une tension de plus en plus grande se crée, telle une déchirure intérieure entre ce que l'on attend de nous et ce que nos forces instinctives nous enseignent, parfois en dépit de notre volonté.

Nos proches font leur possible pour redorer la prison dans laquelle nous vivions notre vie d'avant. Ils s'efforcent d'alléger notre souffrance à fleur de peau, notre confusion, notre peine et notre peur du changement. Ils nous réapprennent des codes de survie, nous invitent à nous maintenir en surface de l'onde de choc. Ils nous rabâchent comment nous battre face à l'épreuve, comment vaincre la marée émotionnelle, comment serrer les dents, comment nous mobiliser pour retrouver notre vie d'avant et, surtout, comment faire pour que rien ne paraisse, ou presque… Nos parents, nos amis se positionnent face à nous en utilisant le même système de protection. Car nous leur faisons peur, nous les menaçons du fait que nous sommes maintenant des êtres vibrants, des êtres touchés par une vague de fond, des êtres dont la vulnérabilité est à fleur de peau. Car même si nous voulons cacher l'émotion et refouler notre mal à l'âme, nos yeux sont souvent embués de larmes, et nos mains tremblent. Il émane de nous une terrible souffrance, et elle est à vif. Cela fait peur à ceux et à celles qui sont encore dans leur tour de contrôle, qui croient encore que la vie fonctionne comme ils le veulent.

Marie témoigne de ces moments où, après la perte de son fils, elle faisait face aux gens et aux autres mères qui tentaient de la consoler :

> *J'entendais « Dieu reprend », oui, les gens disaient cela. Je leur répondais : « Dieu n'a rien à voir là-dedans !... De toute façon, je n'ai pas à comprendre maintenant, je suis dans le deuil. Faites-moi grâce de toutes vos interprétations. »* […] *Quand on m'a dit : « Ça a sûrement un sens », j'ai répondu : « Écoute, si tu me dis ça dans dix ans, peut-être, mais aujourd'hui, tu ignores quelle ma souffrance, alors tais-toi ! »*

On tente de nous distraire de notre tension en banalisant la perte d'une partie de nous, que ce soit l'époux, l'enfant, la santé, l'emploi ou l'amour. Nous entendons des phrases ahurissantes, comme : « Finalement, ce n'était pas un si bon époux... » ; « Tu vas bien t'en sortir, car un enfant en moins, c'est des soucis en moins » ; « Ce n'est pas mauvais d'être au chômage, tu vas te laisser vivre grâce au gouvernement » ; « Ne t'en fais pas, la vie t'amènera un amour plus grand, la façon dont il s'est suicidé est un manque de respect pour toi, cet homme ne te méritait pas. » Ces gens ignorent que ces phrases lancées pour aplanir la vie sauvage en nous ne font que l'attiser.

Marie poursuit ainsi son témoignage :

À la sortie des classes, j'entendais les enfants crier et je me disais : mais le mien ne crie plus ! Ce n'est pas vrai !... C'était vraiment comme si on m'avait enfoncé un couteau dans le cœur. La douleur était physique et morale. Ce que je peux expliquer, c'est ça, c'est comme si on entretenait ce couteau, je vivais une douleur constante et la vie continuait... J'en voulais à la terre entière, il valait mieux que je ne participe pas aux fêtes, comme la première Saint-Nicolas après sa mort, j'aurais frappé toutes les mamans qui achetaient des cadeaux. C'était une colère et je me rendais bien compte que c'était aussi une révolte : un enfant en bonne santé, pourquoi doit-il partir ?

Nous réagissons par la colère, la révolte, le besoin de hurler comme des loups et des louves. Plus nous tentons de nous éloigner de ce qui nous interpelle si fort dans notre monde intérieur, plus nous devenons hystériques. Nous sommes à la fois furieux de ne pas être compris, et frustrés de ne pas pouvoir nous adonner librement à cette puissance primale. En tentant de nous distraire de notre douleur, l'entourage exprime aussi son inquiétude : il se demande si nous allons survivre à l'épreuve. Dans le secret, nous nous posons tous la même question fondamentale : allons-nous survivre à cette épreuve, ou allons-nous en mourir ?

J'ai déjà connu l'épreuve de la maladie incurable et je m'en suis sortie en consacrant des années de ma vie à mon autoguérison. J'ai mobilisé toutes mes forces curatives, ainsi que l'amour et la reconnaissance de ma beauté intérieure, de mon essence. Je me suis guérie. Mais l'épreuve que je rencontre, par la mort soudaine et brutale de mon mari, est intolérable. J'ai l'impression d'avoir perdu une

*partie de moi et d'être tout simplement morte. Je suis
morte le 24 décembre 2000, en même temps que lui. Je ne
sais pas si je vais pouvoir passer à travers cette rupture
profonde, ce rapt de mon âme. Car oui, j'ai l'impression
que l'on m'a enlevé une partie de mon âme et de ma vie.
Je n'ai plus envie de me mobiliser pour vivre. Aurai-je la
force de surmonter cette épreuve ?*

Extrait de mon Journal de deuil, février 2001

Nous n'osons pas communiquer à notre entourage cette
pensée qui s'introduit par la muraille ébréchée. Certains
d'entre nous en sont plus ou moins conscients. Nous refusons,
soit par le déni[1], soit par la banalisation[2], de nous éveiller à
cette évidence : la douleur que nous vivons est tellement intolérable qu'elle pourrait nous entraîner vers la mort.

À ce stade, nous ne savons pas encore que là repose une
grande initiation, un retour incommensurable à soi[3].

Pendant les premiers mois qui suivent l'épreuve, nous nous
mobilisons, car nous ressentons – avec lucidité pour certains
d'entre nous, dans la confusion pour d'autres – le raz-de-
marée qu'elle provoque. Des états qui nous ont déjà habités
sont restimulés par l'épreuve. Maintenant qu'une brèche s'est

---

1. Mécanisme qui permet de nier totalement une réalité extérieure ou
intérieure douloureuse, par exemple la perte d'un être cher, la trahison, le
rejet ou l'annonce d'un diagnostic, et de nier que cela s'est passé, jusqu'à
l'oublier et jusqu'à se construire une autre réalité. Voir Marie Lise
Labonté, *Le Déclic*, op. cit.
2. Mécanisme du moi qui permet de minimiser une expérience douloureuse ou heureuse. Par exemple, un homme qui est constamment rejeté
sexuellement par son épouse se fait croire que cela ne le dérange pas et
que pour lui le sexe est peu important. Cet homme banalise une expression de sa vie. Un individu peut aussi banaliser une expérience heureuse,
car le bonheur serait interprété [par lui] comme trop menaçant pour sa
personnalité. Voir Marie Lise Labonté, *Le Déclic*, op. cit.
3. Élisabeth Lesser, *Le Big-bang intérieur*, op. cit.

créée, nous sommes face à ces mêmes sentiments d'angoisse, de peur intrinsèque, de désir aigu de fuite, de rage, de désespoir et de culpabilité. Nous tentons de réunir toutes nos forces pour ne pas ressentir ce qui commence à nous envahir. Nous n'avons jamais vécu ces mouvements intérieurs de façon si permanente et si intense. Au début, nous nous efforçons de les camoufler, comme nous avions la capacité de le faire avant, mais nous réalisons très vite que l'épreuve nous amène vers une initiation qu'il nous sera quasi impossible d'éviter.

Devant ce tremblement de terre, qui se poursuit avec ses secousses sismiques, nous avons besoin d'aide. Mais osons-nous la solliciter ? Nous sommes tellement sidérés par la vague de fond qui nous éloigne de notre vie connue que nous oublions que nous pouvons être aidés par des personnes qui, comme nous, ont vécu une épreuve, et son appel sauvage à la vie ou à la mort.

Nous ne sommes plus seulement des hommes et des femmes sauvages en désolation, nous sommes des hommes et des femmes sauvagement traqués par une grâce, une dimension intérieure qui nous échappe, et une pulsion de vie et de mort qui nous fait côtoyer la folie. Notre personnalité consciente tente de mobiliser ces énergies puissantes en se contractant dans une tentative de retrouver notre vie d'avant. Elle tente de colmater le trou créé par la brèche dans le rempart de notre construction intérieure.

Malgré cette tentative de mobilisation, nous oscillons entre des moments d'amour intense et des moments d'empathie. Dès lors, nous n'avons plus qu'un désir : sauver ceux qui, comme nous, souffrent. Dans ces moments de grâce, nous sommes reliés à notre âme, à Dieu, à la nature. Nous sommes ouverts et nous nous fondons avec le tout, animés par une mission que nous nous sommes assignée. Nous pulvérisons l'héritage ou l'assurance-vie du partenaire perdu, nous créons des fondations, nous aidons des œuvres caritatives. Nous sommes dans un temps d'expansion qui apparaît en réaction aux forces primitives qui se sont remises en circulation dans tout notre être. Ces moments d'extase allègent notre souffrance et notre culpabilité, tout en menaçant notre entourage qui ne nous reconnaît plus. Puis vient le retour de balancier, ces moments où nous sommes des moins que rien, où nous voulons mourir, où nous avons envie de blesser, de nous refermer, de mourir de souffrance, de fuir le cauchemar qu'est notre vie. Nous sommes alors habités d'une noirceur qui inquiète les autres. Nous ne pouvons plus retrouver notre ancienne vie, même si nous faisons semblant d'y arriver. Nous souffrons en silence, refermés sur nous-mêmes. Ce sont les autres qui se mobilisent alors pour nous faire oublier, pour nous distraire de ce que nous sommes appelés à rencontrer.

Nous devenons alors la proie de la culpabilité que nous ressentons parce que nous sommes en vie, de l'autopunition que nous nous infligeons parce que nous avons envie de faire l'amour, de l'autojugement que nous décrétons parce que nous avons le besoin viscéral de toucher et d'être touché, de la confusion qui nous pousse à vouloir fuir notre vie, de la peur qui nous envahit parce que nous avons envie de tuer celui ou ceux que nous jugeons responsables de notre épreuve.

Nous ne retrouvons plus notre lumière et nous avons l'impression profonde d'avoir été bannis à jamais du paradis de l'innocence. Nous doutons de notre beauté, car nous portons une tare. Par le fait même, nous sommes incompris des autres et abandonnés par la vie elle-même.

Nous sommes alors des victimes et nous devenons parfois des persécuteurs. Nous ne sommes plus capables de décider ; tout est devenu sombre, obscur. Nous sommes écrasés par le poids de la culpabilité et de la rage qui habitent notre cœur. Sous nos pieds, un gouffre semble nous aspirer. Plus nous tentons de le fuir, plus nous nous sentons aspirés par un tel vide que nous sombrons dans l'angoisse et perdons le sommeil.

Nous mobilisons alors toute notre énergie vitale pour résister à l'appel des profondeurs. Mais le gouffre s'ouvre de plus en plus devant nous et nous pensons que nous allons tomber. Ce que nous vivons nous est incompréhensible, et l'est encore plus pour les autres. Où est la grâce de la veuve ou du parent qui a perdu son enfant ? Où est le bon garçon à qui on vient d'apprendre qu'il a une maladie incurable ? Où sont les réactions de mise et d'usage ?

La puissance de ce mouvement de balancier est telle que peu de gens, autour de nous, comprennent notre mouvement intérieur, sauf s'ils l'ont eux-mêmes vécu. Nous devenons des êtres antisociaux, nous refusons de collaborer à ce que les autres tentent de nous offrir en guise d'assistance. Nous n'avons qu'une envie, fuir la réalité désastreuse que nous vivons intérieurement. Nous nous sentons tellement ouverts aux forces intérieures que nous nous refermons sur nous-mêmes. Nous nous mobilisons encore plus. Nous sommes en présence d'un mouvement initiatique qui nous fait peur, et nous résistons car nous savons comment résister. Nous verrouillons alors notre relation aux autres, nous refusons de jouer le rôle que l'on attend de nous. Nous cadenassons notre cœur à l'amour qui nous est offert et nous calfeutrons notre âme à la possibilité qu'elle a d'être initiée par la Vie.

6

Le gel

L'épreuve nous ouvre et nous referme. Intense est l'ouverture, tout aussi intense est la fermeture, c'est la loi naturelle de la vie et de la mort, de l'inspiration et de l'expiration[1]. Nous n'avons pas choisi consciemment d'être ouverts en deux par un événement, d'être ballottés par des forces instinctives, primitives, qui nous ramènent en conscience à l'essentiel.

Nous ignorions que, dans son confort aléatoire, notre vie d'avant était une vie de survie où nous nous étions éloignés de nous-mêmes. Et voici que l'épreuve nous guide vers un retour à une intelligence instinctive qui deviendra petit à petit notre force. Par elle et avec elle, nous sommes initiés à nous libérer du joug de la survie pour la vie. Cet appel prend place malgré nous. Certes, nous sommes assommés par le choc et, tels des écorchés vifs, nous tentons de nous retrouver, de ne pas nous laisser happer par le mouvement de va-et-vient entre l'euphorie et la dépression, mais il nous est difficile de gérer ces réactions violentes qui heurtent toujours celui ou celle que nous pensions être. Alors, nous nous protégeons de nous-mêmes, nous nous refermons, nous entrons dans une sorte de coma.

---

1. Marie Lise Labonté, *Le Déclic, op. cit.*

Je viens de voir le film Parle avec elle *de Pedro Almodovar. Je me suis reconnue. C'est fascinant, je me suis retrouvée dans ces femmes qui vivent dans le coma. Une partie de moi est gelée, elle est dans le coma. Elle ne sent plus rien. Ainsi, elle ne souffre plus. À l'image de ces femmes, elle est entre deux mondes, ni vivante ni morte. Il est important que je rétablisse le lien avec elle et, comme dans le film, que je parle avec elle.*

Extrait de mon Journal de deuil, mars 2002

Il y a autour de nous des gens qui ont vécu un processus identique et qui se sont libérés. Nous pouvons demander l'aide de personnes ayant survécu à l'épreuve, ou d'un thérapeute, ou d'un conférencier... Ils nous donneront les nouveaux codes d'accès à l'épreuve. Le mot de passe nous sera révélé afin de faciliter notre passage. Nous tenterons de le recopier, de le reproduire, pour réaliser très vite que personne ne peut vivre à notre place ce qui nous attend. C'est notre initiation.

Croyant mettre à distance ces pulsions que nous avions refoulées et qui sont réactivées à la puissance maximale, nous réagissons par un besoin intense de protection.

Nous éloignons brusquement ou délicatement tous ceux et celles qui nous imposent un mode de fonctionnement programmé. Nous faisons semblant de suivre le guide d'instruction d'un retour à la vie normale, mais en nous saigne la blessure réactivée par l'épreuve. Nous fermons notre cœur, nous désensibilisons notre sexe. Nous nous dissocions de la plaie béante, du trou laissé par la perte du refuge de notre essentiel. Car en perdant l'autre, ou notre corps sain, ou notre emploi, nous avons perdu ce en quoi nous avions déposé notre essentiel. Cette perte est si grande et si douloureuse que nous nous en dissocions. Nous connaissons les codes pour refermer et réenclaver notre monde émotionnel. Nous retournons inconsciemment en prison car l'épreuve a rendu notre sortie de cette prison trop brutale. Vite, inconsciemment même, nous nous efforçons de refermer le mouvement de la vie, de la mort et des forces qui leur sont annexées. Nous tentons de retenir la vague de fond qui nous éloigne du rivage de notre vie connue.

Nous ramons pour revenir à la terre, non seulement collective – amis, famille élargie, communauté – mais aussi familiale – couple, parents, enfants.

Notre vie d'avant nous semblait peut-être banale, ou tout au moins courante, mais maintenant que nous sommes perdus dans les nouveaux codes de l'épreuve, nous voulons vite revenir à la normalité. Nous lui donnons le pouvoir d'être notre nouveau refuge, dans lequel nous pourrons faire semblant de vivre comme avant.

Laurent a tenté de retourner à sa vie d'avant, il a tenté de faire taire une invitation très claire à changer sa vie :

Les changements dans mon corps se sont faits tout de suite, au moment de la décision de prendre une distance. Et là, je suis parti de la maison pendant trois semaines. Pendant ces trois semaines, mon épouse et moi avons dialogué afin de voir ce qu'on pouvait changer […]. Et je suis revenu en disant : « Bon, sur d'autres bases, on peut redémarrer, changer les choses. » Et, effectivement pendant un temps, au niveau de la relation les choses ont été un peu mieux, mais uniquement en surface. Au fond, pour ma femme, c'était toujours très difficile de me laisser aller vers ce que je sentais être porteur pour moi, notamment au niveau professionnel, car cela impliquait des éloignements de la maison, en tout cas à certains moments, une distance physique, géographique. La première fois, je pense qu'elle a pris sur elle, donc ça s'est plutôt bien passé, mais ça ne la rendait pas franchement heureuse. La deuxième fois, elle a manifesté un peu son désaccord, et depuis c'est comme ça chaque fois. Ce qui fait que, petit à petit, mes symptômes ont recommencé à prendre le dessus. Cette rémission que j'avais eue était en train de disparaître et je me retrouvais tout doucement dans l'état où j'étais avant. Alors, je me suis dit : «Tu es en train de repartir là-dedans. »

Comme Laurent, nous tentons de retrouver notre vie d'avant. Nous nous gelons à l'aide de croyances positives : «La vie est belle, la vie est belle, la vie est belle.» Nous nous répétons cela tous les matins pour donner un sens à notre vie. Nous nous anesthésions par la prière pour tenter de faire taire notre culpabilité. Nous invoquons le pardon pour refouler notre rage, notre ressentiment envers les autres ou envers les événements qui ont anéanti une partie de nous-mêmes. Nous nous endormons bercés par Internet, la drogue ou l'alcool, pour ne pas sentir le mouvement de nos profondeurs. Nous refusons de voir notre lumière car nous en voulons à Dieu ou à la Vie de nous avoir abandonnés. Nous trouvons un autre amour pour remplacer l'ancien ; nous mettons au monde un autre enfant pour redonner un sens à notre famille ; nous prenons un autre emploi pour redorer notre blason. Nous semblons en mouvement car nous sourions, nous touchons, mais nos gestes sont robotiques. Intérieurement, nous avons cadenassé la vie et nous entrons petit à petit dans un univers de glace, de gel et de perte de sens.

Mais dans ce gel de notre cœur, l'initiation se poursuit. Les forces qui ont été réveillées sont toujours là, et ce n'est pas parce que nous nous dissocions de nous-mêmes que la culpabilité, la colère, et la plaie à vif vont disparaître pour autant.

Dans notre univers de glace, là où nous pensions être protégés de toute souffrance, nous sommes au contraire davantage en proie aux vents destructeurs de l'autopunition, de l'autocondamnation. Le danger, c'est qu'en tentant de geler le mouvement naturel de la vie, nous risquons de retourner la vie et la mort contre nous. Car l'épreuve est vraiment le moment où, en nous laissant toucher par la souffrance, nous pouvons enfin nous libérer de son joug. Gelés, nous l'encapsulons pour mieux tenter de contrôler ce qui est intolérable. Cette souffrance à vif ne peut être enfermée, elle est trop vivante. Les pulsions de vie et de mort ne peuvent être mises en bouteille et traitées avec dilettantisme. Là repose un grand secret de la vie, la grâce sauvage, une sagesse ancestrale et cellulaire qui nous appelle à vivre l'initiation et à choisir au moins une fois dans notre vie de mourir pour vivre.

Mais nous repoussons cette sagesse, nous fermons notre cœur à son appel et nous nous donnons corps et âme aux mouvements sacrificiels. Nous nourrissons cette impression que nous sommes punis par la vie, et que nous avons sûrement fait quelque chose de mal pour être ainsi frappés par la fatalité.

Nous nous en voulons d'être plus malheureux que les autres et d'appartenir à l'errance. C'est ainsi que nous tournons la vie contre la vie, la mort contre la mort. Nous devenons sarcastiques, froids, indifférents. Inconsciemment, nous vampirisons les autres, comme si nous pouvions reprendre vie à leur contact. Comme nous portons la mort en nous et refusons de le reconnaître, nous tentons de nous nourrir du bonheur des autres ; nous nous collons aux enfants, aux hommes et aux femmes qui sont vivants et heureux dans le paradis de l'innocence. Après tout, pourquoi ne pas se nourrir à ce qui est vivant ?

Mais ne vaudrait-il pas mieux que nous retrouvions notre Vie ?

Une partie de moi est morte, mon cœur porte le trou du projectile qui a tué mon époux. Je ressens un grand appel à suivre cette mort et à mourir à qui j'ai été depuis douze ans. Depuis le moment où je l'ai rencontré. Avec lui, ma vie a changé, nous avons vécu les plus grands projets ; ensemble nous avons réalisé une communion d'âme. Maintenant qu'il est mort, c'est à mon tour de mourir et de connaître ce qu'il vit. Je ne peux pas mourir physiquement, sauf si je me crée une maladie qui me fera quitter les plans terrestres. Mais je peux mourir à tout ce que j'ai été avec lui et par lui. Ce qui veut dire vivre sans lui.

Extrait de mon Journal de deuil, avril 2002

7

L'implosion

Petit à petit, ce gel se cristallise dans un système. Nous nous construisons inconsciemment une nouvelle identité : la victime de l'épreuve X. Car oui, nous sommes devenus quelqu'un : un chômeur endurci, une veuve esseulée, un parent sans enfant, un malade, une femme dont le conjoint s'est suicidé. Même si en profondeur nous nous détruisons à petit feu à cause des forces que nous avons encapsulées, en surface nous poursuivons notre vie avec cette nouvelle identité, ce nouvel attachement. Nous recherchons un sens. Nous irons jusqu'à trouver un niveau de reconnaissance social. Nous sommes de grands survivants d'une grande épreuve.

Nous n'en parlons pas mais nous la nommons indirectement. Nous attirons l'attention par des soupirs, de tristes sourires, des attitudes qui expriment une souffrance aiguë. Sans nommer notre douleur, nous la faisons ressentir à ceux qui nous entourent. Nous les accusons indirectement de notre souffrance et de notre enfermement. Il y a là un réel danger, qui est de devenir le martyr de ce qui est pourtant là pour nous initier.

Mais notre corps, lui, ne ment pas : nos lèvres sont serrées, notre bouche a perdu sa souplesse, nos mâchoires sont contractées, nos yeux sont bordés de poches de larmes refoulées. Nos cheveux tombent, nos ongles cassent, notre peau se flétrit, nous perdons de notre tonus. Nous rions fort, nous buvons beaucoup, nous ne mangeons pas assez, ou trop, et ce, par autopunition.

Mais les changements que nous avons apportés trop rapidement dans notre vie s'atténuent. Là où nous pensions trouver un nouveau sens à notre existence, nous sentons bien que ce sens se perd car nous ne permettons pas que le changement vienne de notre profondeur. Nous avons agi trop rapidement, poussés par notre entourage qui voulait à tout prix nous voir revenir à une vie meilleure. Nous n'avons pas pris le temps de vivre l'épreuve et, de ce fait, nous en sommes devenus les esclaves. Esclaves d'une vie reconstruite superficiellement, esclaves de bouger pour bouger, esclaves d'une nouvelle identité qui est fausse.

Les illusions tombent, petit à petit, comme les pans d'un manteau mal recousu.

Et nous sommes toujours aux prises avec une tension intérieure qui nous tenaille. Nous constatons que la souffrance que nous avons tenté de fuir est toujours là, que ce que nous avons tenté de recoller se décolle, que ce que nous avons tenté d'enfouir se déterre. Nous voulons à tout prix retrouver notre vie d'avant, même si nous savons que ce n'est plus possible.

Après l'épreuve, Guillaume s'est isolé dans son appartement avec son questionnement et ses doutes.

J'étais chez moi comme un cadavre, la vie s'écoulait par toute ma structure ; il y avait de moins en moins d'énergie vitale en moi [...]. J'étais comme un petit enfant à qui on avait pris son jouet. Je me disais : Qu'est-ce que je vais faire ? Comment puis-je continuer avec ce questionnement ? Comment puis-je être bien, alors que je ne suis pas à la place où je devrais être ? Je devrais être avec mon groupe en Asie. Cette autoculpabilisation a duré quelque temps. J'étais dans un état de jugement mais aussi d'incompréhension ; et il y avait aussi cette incrédulité : maintenant, ta vie ne peut plus être la même, tu ne peux

plus reprendre ton travail, qu'est-ce que les gens vont
penser de toi ? Tu n'es plus à la hauteur, c'est terminé
pour toi, les voyages en Asie, qu'est-ce que tu vas faire de
ta vie ? Qu'est-ce qui s'est passé ? [...]

En même temps, nous livrons toujours le même message
à l'univers : « Je suis en train de mourir, sauvez-moi. » Nous
épuisons le peu de ressources physiques qui nous restent,
car l'épreuve nous a éprouvés. Nous en sommes devenus les
esclaves. Alors, nous nous enfonçons.

Paradoxalement, l'esclavage qui nous endurcit en surface
nous rend encore plus vulnérables aux mouvements souter-
rains de nos profondeurs.

Nous ignorons jusqu'à quel point nous sommes soumis à la
culpabilité et à la haine qui nous rongent et nous détruisent.
Plus nous tentons de nous identifier à l'événement qui est en
train de transformer notre vie, plus nous nous séparons de ce
qui pourrait la transformer réellement.

Le cauchemar n'est plus à l'extérieur, il est en nous. Le choc
et le heurt nous habitent de plus en plus. L'onde de choc a quitté
la surface de notre vie, elle nous pénètre. Inconsciemment,
nous la revivons et nous l'intériorisons en étant les victimes de
ce qu'elle soulève en nous. Nous nous éprouvons nous-mêmes.

Anne témoigne de ce passage de l'implosion :

J'ai eu une période où je faisais beaucoup de rêves
d'agression, et je trouvais ça très difficile [...] *il y a eu cette*
période où j'ai eu des compulsions alimentaires pour
essayer de combler le vide que je n'arrivais pas à combler ;
j'avais beaucoup de rêves d'agression : ou bien des
hommes entraient chez moi, ou c'est moi qui agressais, ce
qui me bouleversait beaucoup. C'était très intense. J'ai
beaucoup travaillé sur mes rêves afin de comprendre ce qui
était agressé, et j'ai compris : c'était vraiment par rapport

au vide que la mort de mon ex-conjoint avait laissé. Ce lien
affectif qui était là et qui avait disparu, je n'arrivais pas à le
combler, donc je mangeais, encore un peu plus, puis encore
un peu plus, même quand mon corps n'en voulait plus [...].
Ça agressait mon corps de prendre juste un peu trop, ça me
rendait malade [...] je faisais des rêves d'agression parce
que ma compulsion alimentaire était une agression.

Terrifiés, nous constatons que, malgré nos efforts, la vie poursuit son cours alors que l'événement dont nous sommes les esclaves n'est plus là. Il appartient déjà au passé. Nous tentons de le retenir pour donner un sens à la souffrance qui nous consume, tel un feu intérieur.

Nous nous protégeons de nous-mêmes. Nous implosons, car bien que nous soyons de glace à l'extérieur, nous brûlons intérieurement. Les signaux de dysfonctions immunitaires apparaissent[1].

Nous brûlons car nous refusons de reconnaître que nous sommes dévorés par la douleur ; nous implosons et repoussons l'initiation. Nous mourons sans vouloir mourir, nous vivons sans vouloir vivre, nous aimons sans aimer. Nous nous approchons de la rupture, ce moment où nous n'aurons plus que la possibilité de nous rencontrer et de nous laisser initier par les forces en jeu. Nous ignorons, à ce stade, que l'épreuve a un sens. Certains d'entre nous refusent toujours de se laisser guider par cette vague de fond qui les entraîne vers une autre façon de vivre, alors que d'autres commencent à entrevoir qu'une autre vie est possible.

Guillaume témoigne :

Il est vrai qu'à un certain moment je me suis dit : c'est
un moyen de recommencer à zéro, et qu'il y a eu, par

---

1. Boris Cyrulnik, *De chair et d'âme*, Odile Jacob, 2006.

intermittence, pendant cette chute, une forme de voix inté-
rieure, une forme de conscience qui était là, en observation,
avec laquelle de temps en temps je pouvais me lier comme
si, dans une souffrance trop terrible, on pouvait parfois se
décaler, se dissocier de l'état de souffrance, de l'état du
jugement et observer que, finalement, ce n'est pas la mer à
boire, il y a moyen de se reconstruire. Par contre, je ne
savais pas si j'allais trouver le moyen de me reconstruire.

Faire confiance à la vie, faire confiance à ce que nous avons vécu, se dire que si nous avons été expulsés du paradis, c'est qu'il y avait une raison beaucoup plus vaste que ce que nous connaissons de nous-mêmes. S'il n'y a plus de sens, c'est qu'il n'y en a plus. Il ne faut pas essayer de trouver un sens à partir d'une fausse construction de notre être. Il faut faire confiance, croire que le sens de notre vie est là, qu'il repose dans nos profondeurs et qu'il se peut qu'avant de mourir à nous-mêmes nous ne puissions y accéder parce que nous sommes trop éloignés de notre âme.

L'inimaginable est en nous, il n'est plus dans l'événement extérieur. Il est là, en nous, pour être transmuté par notre puissance intérieure inconditionnelle. Le feu qui nous consume n'attend qu'une chose, nous consumer totalement pour que nous puissions, tel l'éternel Phénix [1], revivre à partir de nos cendres.

Il n'y a qu'un oiseau qui retrouve la vie dans sa mort,
et qui se recrée lui-même : l'éternel Phénix [2].

---

1. Élisabeth Lesser, *Le Big-bang intérieur, op. cit.*
2. Ovide, poète latin qui vécut durant la période qui vit la naissance de l'Empire romain, est né le 20 mars 43 av. J.-C. à Sulmona, dans le centre de l'Italie, et mort en 17 apr. J.-C.

Troisième partie

Le point de rupture

Sommes-nous les instruments d'une grâce sauvage ? Qu'avons-nous fait pour que le ciel nous tombe sur la tête ? Si l'épreuve est là, est-ce parce que nous l'avons choisie, appelée, consciemment ? Quelle est cette conjonction qui semble s'abattre sur nous pour nous casser et nous séparer de notre vie d'avant ? Du point de vue de notre personnalité, ce que nous vivons n'a aucun sens et, s'il y en a un, où est-il ? Le voile se déchire, nous ne pouvons plus soutenir la tension entre les deux mondes. Nous chutons à la rencontre de notre blessure et de l'inimaginable. De cette expérience intrinsèque, nous ne savons pas si nous allons sortir vivants. Mais que nous vivions ou que nous mourions, notre vie ne sera plus jamais pareille.

Rompus par la puissance de l'épreuve, il ne nous reste qu'une chose à découvrir : mourir pour vivre pleinement. Tout au long de la rencontre avec l'épreuve, le choc et l'onde de choc, nous avons peut-être ressenti un appel à nous ouvrir à quelque chose de plus grand que nous. Ce qui veut dire qu'il est temps de nous relier à une dimension profonde qui insufflera à notre personnalité la lumière et l'amour nécessaire pour mourir à ce non-sens, puis à renaître. Permettre à notre âme d'aller à l'avant de nous[1] plutôt que de la maintenir dans

1. Voir Sri Aurobindo et la Mère, *Les Forces cachées de la vie*, Éditions Sri Aurobindo Ashram Trust, Pondichéry, 1997.

les replis de nos enfermements. Pour ce faire, nous sommes appelés à explorer la rupture – ce passage à travers l'inconnu et la nuit noire. Osons entrer dans nos ténèbres et créons le lien avec la vie profonde et sauvage qui y repose. Là, en nous permettant la chute, nous nous humaniserons.

1

La rupture

Je ne suis plus capable de me battre. Je me laisse couler, car je sais, au plus profond de moi, que ce n'est qu'en m'abandonnant à la mort que je reprendrai goût à la vie, naturellement, sans effort de volonté, sans construction, sans édification de mon ego. Aujourd'hui, cela fait un an et huit mois que j'ai rencontré l'horreur, et j'ai survécu. Je ne veux plus survivre, je suis épuisée de déployer toutes mes énergies pour maintenir ma tête au-dessus de l'eau. J'ai envie de me reposer, de me laisser mourir. Alors, je verrai si la vie est assez forte en moi pour vivre à nouveau. Je prends le risque de mourir, mais ne suis-je pas déjà morte ? Alors qu'ai-je à perdre ?

Extrait de mon Journal de deuil, septembre 2002

La rupture fait partie du passage initiatique d'où la mort d'avec notre vie d'avant nous appelle si fortement que nous n'avons plus d'autre choix que de l'écouter et d'aller à sa rencontre. Après l'épreuve, plusieurs d'entre nous essaient de se maintenir à flot, de surnager sur une vie reconstruite trop rapidement – une vie dans laquelle nous tentons d'éviter l'initiation, alors que celle-ci nous attend et nous attendra jusqu'à ce que nous osions vraiment nous rencontrer. L'épreuve et son heurt nous mettent en présence d'une souffrance ancienne souterraine. Nous avons la possibilité de la revivre, cette souffrance, mais la vie continue de façon implacable. Nous nous retrouvons seuls et nous souffrons toujours, parfois de plus en plus. Le seuil d'intolérance face à nous-mêmes est dépassé. Nous atteignons alors un point de rupture où nous ne pouvons plus nous mentir à nous-mêmes. Ce n'est plus l'épreuve qui nous fait souffrir, c'est ce qu'elle a réveillé en nous : une blessure déjà existante qui suintait au fond de notre âme et de notre personnalité. L'épreuve nous a mis en présence de la séparation que nous avons toujours entretenue d'avec notre essence, notre grâce et notre beauté.

Guillaume parle de cet important passage :

> *Cette période obscure qui a suivi l'épreuve fut un temps de contemplation de mon incapacité à vivre [...] je me suis regardé différemment, je me suis jeté à bas de mon piédestal et je me suis forcé à me voir dans ma blessure. Je vivais tellement dans l'autojugement que je me suis dit que c'était terminé, que je n'oserais plus jamais me représenter devant mon employeur [...]. J'étais dans ma blessure. Cette blessure avait plusieurs noms : incompétence, incapacité. Finalement, je prenais en pleine figure la fuite superficielle qui caractérisait ma vie [...] là, elle me revenait comme sur un écran géant. Je me voyais fuir, je me voyais rétrécir, je me voyais dans la douleur, dans la souffrance, mais au moins je ne lui échappais pas.*

Nous sommes arrivés devant l'inévitable : l'urgence de quitter notre vie d'avant pour répondre à l'appel irrésistible de nos profondeurs, de notre vérité intrinsèque. Nous n'avons plus rien à perdre. Au contraire, nous avons tout à gagner dans cette plus grande authenticité. Nous avons mal et c'est ce mal qui nous interpelle sans cesse. C'est un cri de souffrance dans la nuit. Pourquoi ne pas aller à la rencontre de cette douleur qui nous fait souffrir depuis si longtemps ? Pourquoi ne pas tenter de nous en libérer ?

> *Mon frère me regarde comme si j'étais folle. Je viens de lui annoncer que je quitte tout et que je vends mes biens pour partir un an à Paris afin d'y suivre mon chemin d'autoguérison. « Sois raisonnable, attends encore une année, le temps que tu rassembles de l'argent pour aller à Paris », me dit-il. Il me demande d'être raisonnable alors que je l'ai été toute ma vie, alors que j'ai l'impression que c'est cela qui m'a rendu malade. J'ai envie de lui hurler que je suis malade et que ma maladie ne peut pas attendre un an. Il ne peut pas comprendre, comment pourrait-il comprendre ? Ce n'est pas lui qui connaît l'horreur de la souffrance physique quotidienne.*

Extrait de mon Journal d'autoguérison, Paris, avril 1977

La rupture entraîne des choix que notre entourage ne conçoit pas. La famille, les amis nous ont accompagnés du mieux qu'ils ont pu dans la douleur de l'épreuve. Ils nous ont offert leur sagesse raisonnable, concrète et construite. Ils nous ont invités à changer, *mais sans trop rien changer*. Il ne faut pas que le changement soit menaçant. Notre entourage peut même nous entretenir dans une crainte du changement. Alors, comme nous ne connaissons pas la force des élans instinctifs qui ont été soulevés en nous, nous vivons constamment avec la peur, la peur de mourir, la peur de vivre.

Lorsque nous restons dans cet état, sans rien y changer, nous pouvons devenir malades, ou fous à lier. Ce qui serait plus acceptable socialement car le fait de nous voir suivre le chemin de la rupture sème l'appréhension dans notre entourage. Suivre le chemin non fréquenté d'une quête d'authenticité interpelle leur authenticité. Ils n'ont pas de raisons valables dans leur vie pour prendre ce risque. Ils deviennent alors des témoins malheureusement incrédules et inquiets de notre rupture, car à cette étape ils ne peuvent nous accompagner, à moins d'avoir vécu eux-mêmes une épreuve qui les a transformés. Face à ce mouvement, ils se retirent, puis se tiennent à distance. Ils attendent les résultats de notre initiation.

Éloïse témoigne de l'apparition quasi simultanée de son divorce, de la rechute de son cancer, et de la trahison de son compagnon. Elle nous décrit cette spirale d'épreuves :

[…] *Les médecins me disaient qu'ils devaient me réopérer, les cellules étaient cancéreuses. Je me suis dit que cette opération allait me mutiler, et que c'était ma dernière nuit de femme encore intacte* […]. *J'ai demandé à mon compagnon qu'on passe la nuit ensemble, mais il a refusé parce que son fils était là et qu'il ne voulait pas qu'il sache qu'on partageait le même lit. J'ai vécu cela comme une réelle trahison. Je me sentais si seule ! C'était terrible* […]. *De plus, il partait en vacances sans moi, et je ne pourrais pas le contacter. Oui, ce fut une réelle trahison, mais je n'ai rien dit. C'est là qu'a commencé la descente, je me disais :* « *Qu'est-ce qui m'arrive ?* » […] *C'était une double trahison car le cancer était, pour moi, une trahison terrible de mon corps. Jamais je n'aurais imaginé que j'allais être frappée par cette maladie. C'était vraiment l'effondrement total. C'est ce qui a provoqué la descente. Parce que avant, même quand j'avais des difficultés, je pouvais tout encaisser. Mais soudain mon corps m'avait lâchée, et je n'avais plus l'outil pour vivre* […]. *C'est ce qui a fait que tout s'est écroulé. Un gouffre béant m'a happée. La descente aux enfers… comme Job.*

Pour certains d'entre nous, la rupture est provoquée par l'apparition d'une maladie physique, ou d'une dépression. Cet état est relié directement à la souffrance que nous avons refoulée tout en la portant dans nos entrailles. Nos systèmes immunitaires et endocriniens se sont épuisés à vivre en état de survie. Les énergies physique et psychique ont chuté. Dans ce gel de notre cœur, les protections dans lesquelles nous étions enfermés nous ont lâchés. Les forces instinctives sont toujours déployées, mais elles ne sont plus créatrices. Cette maladie du corps, ce mal-être, cette maladie de l'âme nous indique le déséquilibre. Nous sommes tentés de nous positionner en tant que victimes et de dire : «Ceci est une autre épreuve après l'épreuve», alors que c'est tout simplement un signal nous indiquant qu'il est temps de mourir et de vivre notre vie avec les valeurs beaucoup plus profondes qui émanent de la grâce sauvage [1] qui nous habite.

La rupture est également annoncée par des deuils à répétition, des catastrophes qui s'enchaînent, comme ce fut le cas pour Marie et Éloïse : séparation, abandon, mort accidentelle d'un enfant, apparition de maladies auto-immunes. Quand cela va-t-il s'arrêter ? Cette sensation de perte de contrôle qui se reproduit, deux fois, trois fois, est trop intense. La sensation que notre vie nous échappe entraîne en nous une scission d'avec notre personnalité construite. Nous subissons ce cercle d'enchaînements synchronisés impitoyables qui ne correspond pas à la logique de l'hémisphère gauche cérébral. Quand nous sommes poussés à vivre selon la logique implacable du mystère de la vie, où la solution nous est donnée en même temps que le problème, nous n'avons plus le choix et nous perdons nos repères. L'initiation est enclenchée et le changement nous appelle, mais pas de la bonne manière.

Nous résistons à l'appel de l'inconnu, qui ne nous semble pas assez lumineux. C'est la perte de sens qui provoque cette

---

1. Élisabeth Lesser, *Le Big-bang intérieur*, *op. cit.*

résistance. Nous n'avons plus de projets, plus de rêves, plus de vision de ce que nous pourrions faire et de ce qui nous attend peut-être. Il n'y a plus rien, alors qu'auparavant nous étions stimulés parce que nous avions construit un couple, parce que nous nous attendions à ce que notre fils nous rende heureux et fiers, parce que nous pensions que notre travail nous conférerait une position de prestige, parce que nous avions nos croyances spirituelles. Mais tout cela a été réduit en poussière. Comment accepter que ce que nous connaissions de nous soit réduit ainsi à néant ?

C'est alors que se produit la rupture. La vague de fond qui balaie nos profondeurs nous invite à un mouvement d'authenticité qui nous fait peur, certes, mais nous pousse à agir différemment.

> *Mes amis me trouvent courageuse de partir ainsi à Paris pour vivre l'inconnu. C'est vrai que je ne sais pas ce qui m'attend. Je ne sais même pas où habite la personne qui pourrait m'aider. Je ne suis pas courageuse, je n'ai pas le choix. Je suis poussée par une force instinctive plus forte que moi. Je m'en vais vers l'inconnu mais cela ne peut pas être pire que l'enfer de la maladie que je vis depuis quatre ans.*

> Extrait de mon Journal d'autoguérison, janvier 1977

Épouser cette perte de sens, c'est renoncer à tout ce que nous avons été et à tout ce que nous pensions pouvoir faire de notre vie. À partir de là, il se peut que nous trouvions un sens profond à notre vie.

2

La nuit noire de l'âme

*Ce lieu où règnent la peur et l'impuissance existe vrai-
ment, ce n'est pas une gentille petite allégorie. Certaines
personnes ne reviennent jamais de cet endroit et elles
finissent par se briser sur les pierres. D'autres cessent de
se battre et glissent tout au fond.*

Récit de Glenn, qui a perdu son fils de 21 ans
dans un accident[1]

La nuit noire de l'âme est le chemin emprunté par notre
personnalité pour aller à la rencontre de celle qui nous a toujours habités en raison de sa grâce : notre âme. Ce chemin
n'est pas éclairé par le soleil de notre ego, c'est pourquoi il
nous paraît obscur. Ceux et celles qui l'empruntent ont
l'étrange sensation d'être dans le noir, de ne plus voir leur
lumière, de ne plus avoir de relation avec Dieu, de ne plus
pouvoir dialoguer avec l'univers ou avec leur âme. Les grands
mystiques ont traversé ce passage. Il n'est pas nouveau, il fait
partie de l'humanité. Il est le chemin vers la dimension la plus
humaine et la plus divine de notre être.

Lorsque notre personnalité s'éloigne de la lumière construite

---

1. Élisabeth Lesser, *Le Big-bang intérieur, op. cit.*

par le soleil de notre ego, lorsqu'elle quitte ce à quoi elle tenait tant, nous avons l'étrange impression de descendre, dans les ténèbres, sur un chemin non fréquenté. La lumière est toujours là, mais notre vision est obstruée par le passé, par notre enfermement dans notre souffrance et par les vieux repères que nous tentons de retrouver. Des forces instinctives sont en présence et nous avons besoin d'elles pour emprunter ce chemin de noirceur. Ressortirons-nous vivants de cette nuit noire de l'âme ? Le parcours est héroïque. C'est la rencontre de notre côté obscur et du trou noir de notre souffrance. Lorsque nous montrons notre côté le plus lumineux à la face du monde, lorsque nous n'osons pas quitter le paradis de l'innocence, lorsque toute notre vie nous nous sommes identifiés aux autres et jugeons du bien et du mal en fonction des autres, alors l'expulsion de la matrice, la perte de sens, et la rupture qui nous amène à rencontrer l'inimaginable nous mettent en relation directe avec notre ombre. C'est dans cette dimension d'ombre que reposent notre vie animale, sauvage, et notre lumière. Comme l'a dit le psychanalyste Carl Gustav Jung : « Ce que nous évitons de reconnaître, nous le rencontrons plus tard sous la forme de notre destin[1]. » Et si l'épreuve était ce destin qui nous oblige vraiment à nous rencontrer ?

Je suis dans un univers métallique. Assise sur une table de métal froid, j'attends depuis des heures à la morgue de l'hôpital. J'attends que le médecin légiste vienne retirer la balle du corps de mon époux et fasse l'autopsie. C'est la veille de Noël. Les chansons de mon enfance jouent et rejouent dans les couloirs de l'hôpital. Elles sont chantées en espagnol. Je suis seule et j'attends. Ma jupe est toujours tachée du sang de Robert, je suis pieds nus car, dans la course folle après le meurtre, je n'ai pas eu le temps de mettre des chaussures. Il est deux heures de l'après-midi.

---

1. Carl Gustav Jung, *L'Âme et la Vie*, LGF, Livre de poche, 1995.

Dehors, le soleil plombe, il fait trente degrés. À l'intérieur de mon corps, c'est la noirceur et le froid. Je n'existe plus. Serge, mon intendant, arrive en sueur, il est blanc comme les murs de la morgue. Il est découragé : le corps de mon époux est trop grand, il n'y a pas de tombe, ils vont devoir en faire une sur mesure. Je crois halluciner. Il me demande quelle couleur. Blanche avec de l'or ? Je pense : mais oui, c'est la couleur de l'énergie de protection. Dans un même souffle, il m'informe que les frigos de la morgue ne fonctionnent pas, et que je dois enterrer mon époux dans les heures qui suivent l'autopsie car demain c'est Noël et qu'il n'y aura pas d'enterrement possible. Des amis ont réservé une place dans le petit cimetière. « Mais où est ce foutu médecin légiste ? » me demande-t-il. Rien n'a de sens. Entre deux chants de Noël, j'entends mon enfant intérieur pleurer, il a cessé de croire au Père Noël […]. En moi, je sens qu'une lumière vient de s'éteindre.

Extrait de mon Journal de deuil, janvier 2001

Nous n'entrons pas consciemment dans la nuit noire de l'âme, nous y sommes poussés par la rupture et la perte de sens. Après qu'un sentiment d'insécurité nous incite à nous raccrocher à tout ce qui nous tombe sous la main, nous sommes entraînés dans la chute. Nous permettons à la vague de fond de nous emporter sur d'autres rives que celle de notre vie passée, et la puissance du mouvement nous déchire contre les récifs qui entourent ce nouveau continent. Ces récifs que sont nos enfermements de doute, de peur, de non-confiance en notre pouvoir, nous attendent dans le noir, dans l'océan obscur de nos profondeurs, là où nous n'avons jamais eu le courage d'aller. Nous savons ce qui nous a toujours dévorés intérieurement, et si ce n'est pas le cas, nous le découvrirons bientôt. Au plus profond de nous-mêmes, nous savons qu'existe cette partie d'ombre si vivante qui nous maintient dans la souffrance depuis le début de notre vie sur terre. Abandonnés, rejetés, humiliés ou trahis, nous connaissons les prisons du cœur qui sèment le gel de notre tendresse et de notre capacité d'aimer. Nous savons ce qui retient notre joie et notre spontanéité. Dans la chute, nous retrouvons les aspects les plus sombres qui nous ont toujours interpellés. Et nous nous rencontrons enfin pour mourir à notre construction du passé. Nous initions parfois cette chute dans nos enfers avec le cœur fermé, mais l'implosion, la force du feu qui nous a consumés nous oblige à l'ouvrir. Si nous ne le faisons pas, nous serons heurtés jusqu'à ce que notre cœur s'ouvre.

Je suis dans la noirceur. Mes amis tentent de m'en sortir, mais je ne suis pas dupe, je suis témoin de leurs efforts pour me tirer de là où j'ai chuté. Ils ne peuvent pas me suivre là où je suis. Dans mes rêves, on me refuse d'entrer dans le royaume des morts, les cerbères guettent et, gentiment, avec beaucoup de douceur, m'en refusent l'entrée. Je suis renvoyée à l'errance. Tout comme tes mots, Robert, quelques heures avant ta mort, quand tu m'as dit que tu avais trouvé la clé[1]. Je dois trouver la mienne. Même toi, Robert, tu ne peux pas me sauver de moi-même et de cette magnifique rencontre avec ma propre mort. Je sais que je ne vais pas mourir maintenant, et si je ne suis pas morte au moment même de ta mort, Robert, c'est que j'avais à vivre ce que je vis. Je sais que j'ai la force de chuter et en même temps j'implore Dieu de m'aider. Quand j'étais jeune, je demandais à Dieu de prendre ma vie, je lui demandais de me guider, et c'est la tienne qu'il a prise.

Extrait de mon Journal de deuil, mars 2003

---

1. Marie Lise Labonté, *Parlez-moi d'amour vrai*, Éditions de l'Homme, Montréal, 2007, et Albin Michel, 2007, sous le titre *Vers l'amour vrai*.

Il ne sert à rien d'implorer Dieu ou d'autres déités pour qu'ils nous aident à rencontrer l'inimaginable, car dans cette rencontre avec la nuit noire nous prenons rapidement conscience que nous sommes seuls et libres de choisir. Il n'y a ni récompense ni punition, ni bien ni mal, il n'y a que la beauté, la grâce de la rencontre avec notre propre vérité. Nous sommes exclus du paradis et nous apprenons à vivre les nouveaux codes de l'exclusion, sans nous y perdre. Il est évident que nous commettrons des erreurs en fuyant, en fermant notre cœur, en buvant avec excès, mais est-ce vraiment une erreur que de vivre l'imperfection ? Non, car nous devenons de plus en plus humains. Nous affrontons notre souffrance, celle que notre famille a niée, celle qu'on nous a enjoint de fuir, celle dont nous nous sommes protégés et qui nous attend depuis toujours pour nous transformer – cette souffrance qui nous guérira et nous mettra en relation directe avec notre puissance de vie et d'amour. Cette puissance qui nous guidera vers notre âme.

Et voici que les forces instinctives se déploient : le retour à nos besoins fondamentaux, à notre intuition, à notre discernement. Nous ne voyons plus notre lumière, nous nous abandonnons à notre souffrance pour mieux connaître cette partie qui est dans l'ombre de nous-mêmes. Nous nous laissons porter par elle pour mieux la comprendre, l'explorer, pour ne plus lui résister. Nous découvrons les croyances qui nous ont toujours maintenus enchaînés à des images de paradis, de perfection. Nous ne savons plus rien et nous ne nous en portons que mieux. Nous utilisons des élixirs comme la drogue, l'alcool, le sexe pour anéantir l'image du bon garçon et de la bonne fille. Nous prenons des risques, nous entrons dans les failles, nous descendons dans la caverne, nous explorons les couches profondes de nos instincts. Nous réépousons notre nature animale afin qu'elle nous rapproche de notre nature divine. Nous osons enfin crier notre souffrance et reconnaître que nous n'avons pas encore vécu notre vie. Ce passage dans l'ombre nous permet de nous détacher à jamais de nos parents, car nous sortons de notre vie infantile. La nuit noire de l'âme est une invitation à quitter l'enfance et l'adolescence pour entrer dans une vie *naturellement* spirituelle.

> *À vingt et un ans, j'ai vécu l'épreuve de la maladie, et après avoir connu une descente profonde dans l'enfer de la souffrance physique, j'ai, dans les bas-fonds de ma chute, entendu une voix qui m'a guidée vers mon autoguérison. Quatre ans plus tard, j'étais guérie de ma maladie. Cette voix était la voix de mon âme. Maintenant, avec cette deuxième épreuve, je ne sais pas si je vais m'en sortir. J'ai entendu la voix de mon âme la nuit de l'événement, mais depuis je n'entends plus rien, et pourtant cela fait des années que j'entends mon âme me parler. Maintenant il n'y a plus rien. Peut-être me suis-je trop enfermée dans ma souffrance de veuve ? Tout ce que je sais, c'est qu'aux gens qui me disent d'avoir la foi, de prier, de laisser les Anges ou Dieu me guider, j'ai envie de répondre que le jour où je retrouverai à nouveau l'expérience de mon âme et cette magie d'être guidée dans tous mes pas, le jour où je reprendrai spontanément goût à la vie, à la foi profonde, à la reconnexion à ma lumière, je pourrai dire : « Je suis guérie. » Entre-temps, je ne retrouve pas l'élan pour remonter à la surface. Je suis dans les ténèbres.*

Extrait de mon Journal de deuil, avril 2003

La rencontre avec notre noirceur n'est pas un parcours sans danger, mais s'il était dépouillé de tout risque, il ne serait pas un chemin initiatique. Nous pouvons vraiment nous briser aux rochers de notre souffrance, comme quand nous nous livrons à l'autojugement lors de notre rencontre avec nos dimensions sombres de ressentiment, de révolte, de dégoût, de passion et de folie. Comment ne pas en vouloir à la maladie qui m'enlève mon intégrité physique ? Comment ne pas en vouloir à la personne qui m'a fait rater l'avion ? Comment ne pas en vouloir à l'automobiliste qui a écrasé mon fils ? Comment ne pas en vouloir à celui qui a tiré à bout portant sur mon mari ? Comment ne pas en vouloir à l'amant qui m'a abandonnée alors que j'avais un cancer du sein ? Comment ne pas en vouloir à mon conjoint de s'être suicidé ?

Nous pouvons perdre notre lumière si nous jaugeons le temps que prend notre processus, si nous attendons la fin plutôt que de vivre le chemin. Même si nous avons reçu les enseignements d'un maître, même si nous avons été reliés à un mouvement religieux, même si nous sommes entourés d'êtres merveilleux qui ne veulent que notre bien, nous devons rencontrer nos dragons intérieurs et les replis les plus rébarbatifs de notre prison, de notre séparation, de notre isolement. Nous lisons parfois que « la vie et la mort, c'est la même chose » ; que « dans l'ombre repose la lumière », mais comment la vie et la mort peuvent-elles être la même vibration ? Comment la lumière peut-elle exister dans l'ombre ?

À ces questions, nous n'avons pas de réponse. Nous sommes dans la noirceur. Tout est là, prêt à se reconnecter, mais pour cela nous devons d'abord mourir.

La nuit noire de l'âme nous met face à face avec tout ce qui nous semble si contradictoire en nous, mais ce sont ces prétendues contradictions qui sont au cœur même du mystère de la vie et de la mort.

3

La mort consciente

*C'est en me laissant aller à mourir que je vais trouver
à nouveau mon élan de vivre.*

Extrait de mon Journal de deuil, décembre 2002

Nous nous laissons porter par la vague de fond qui nous a
éloignés des rives connues de notre vie d'avant. Son mouvement nous entraîne vers les lointains rivages de la vie et de la
mort. Soyons authentiques et reconnaissons que l'épreuve
nous a fait mourir. Nous savons que notre vie ne sera jamais
plus la même. Osons vivre cette réalité et permettons-nous de
mourir. Jusqu'à présent, nous avons consacré beaucoup d'énergie à l'épreuve et à ses conséquences. Nous avons perdu le
contrôle de notre toute-puissance d'enfant. Nous ne sommes
plus ce que nous étions, fiers, endurcis, tenaces et parfaits.
Nous avons rencontré l'imperfection, l'impuissance, le désespoir, la douleur qui arrache les entrailles. Nous avons rencontré
ce qui est intolérable à notre personnalité, à notre ego. Et maintenant nous pouvons mourir. Nous laisser tout simplement porter par la douceur du lâcher-prise, là où il n'y a plus à faire,
mais à être.

La grâce sauvage nous a permis d'affronter notre noirceur
pour que nous reconnaissions enfin notre lumière, pour que

nous naissions enfin à nous-mêmes, pour que nous changions notre position intérieure et que nous choisissions l'amour plutôt que la haine.

Comme l'a dit Siddharta[1], prince d'un royaume doré à qui l'on a présenté la maladie, la vieillesse, la mort en guise d'initiation : « Je ne reviendrai dans cette ville que lorsque j'aurai connu les plus lointains rivages de la vie et de la mort. » Il commença plus tard son périple en quittant son royaume pour aller à la rencontre de la mort et de la vie, et devint le Bouddha.

C'est l'initiation qui nous attend, car mourir fait partie de la vie. Ce qui nous aide à sortir de la nuit noire de l'âme, c'est le fait que nous acceptons de mourir à une partie de nous-mêmes, à notre identité personnelle. Dans notre vie d'avant, nous nous étions identifiés à un être ou à quelque chose, et notre entourage, notre famille nourrissait cet ensemble cohésif. Puis est arrivé l'événement qui a fait s'écrouler tout ce qui maintenait l'ensemble. Cette unité avait sa raison d'être mais voici que la vie et la mort nous disent de quitter un environnement extérieur et intérieur défini par les autres pour vivre ce que nous sommes vraiment. Nous sommes poussés à sortir du monde de l'ego ou du moi enfermé pour explorer les lointains rivages de notre âme. Nous avons connu la naissance physique mais nous ne sommes pas encore nés à une dimension profonde de nous-mêmes. Nous ignorons que la naissance qui nous attend nous amènera à une autonomie de l'être et qu'elle nous enjoindra de choisir une nouvelle façon de vivre. La mort que nous sommes invités à vivre est une mort à un passé vécu dans nos retranchements, dans nos croyances, dans nos joies conditionnelles, dans nos prisons du cœur. Cette mort est une

---

1. Hermann Hesse, *Siddharta*, « Les cahiers rouges », Grasset, 2002.

incitation à vivre notre vie différemment, à épouser en conscience notre âme, et à nous permettre de nous laisser guider par sa grâce sauvage.

Nous acceptons de choisir à nouveau la joie au lieu de la souffrance. Nous sortons du cercle de l'enfermement et nous changeons de position, car nous comprenons que tout est question de perception. Ce n'est pas l'épreuve qui nous a heurtés, c'est ce qu'elle a soulevé en nous. Ce qui nous a frappés, c'est la souffrance qui a été stimulée par l'événement. C'est ainsi que la grâce sauvage nous guide vers le meilleur de nous-mêmes. Après avoir consacré beaucoup d'énergie à notre souffrance et à en vouloir à la terre entière de la perte de notre innocence, après avoir épousé, parfois pendant des années, l'esclavage de l'épreuve, nous nous retrouvons au point de départ, au moment précis où notre vie a basculé. Au plus profond de nous-mêmes, nous comprenons que cette épreuve est un chemin peu fréquenté qui nous invite à renaître de nos propres cendres en émergeant des morceaux épars laissés par l'événement qui nous a fait connaître le pire. Nous découvrons également que c'est le regard que nous portons sur les événements de notre vie qui nous fait souffrir. Ce changement de position est essentiel à notre chemin d'individuation[1].

Ce n'est qu'après avoir côtoyé les limites de l'insoutenable que la nuit noire de l'âme nous entraîne dans ce changement de position, ce déclic qui nous permet de mourir à notre ego pour renaître à notre âme.

Après avoir vécu un accident cérébral important au cours

---

1. « J'emploie le mot "individuation" pour désigner le processus par lequel un être devient un individu psychologique, c'est-à-dire une unité autonome et indivisible, une totalité. » Carl Gustav Jung, *Ma vie*, Gallimard, 1966.

duquel il a failli mourir, Ram Dass[1], maître spirituel contemporain, raconte :

> *Lorsque vous devez supporter en vous l'insupportable, quelque chose en vous finit par mourir. Mon identité a été altérée. Les conséquences de l'épreuve étaient insupportables à mon ego, donc j'ai dû me détacher de mon ego et mourir. J'ai trouvé refuge dans mon âme et maintenant je vis ma vie à travers le regard de mon âme. C'est cela la grâce[2].*

Nous qui avons connu la mort, de près ou de loin, nous qui avons craint que le cercle infernal d'enchaînement ne s'arrête plus, nous qui avons rencontré l'inimaginable, nous avons le pouvoir de nous libérer du joug de la survie. Nous avons la force de renaître de nos cendres. Et un jour, nous serons peut-être le guide d'un être qui vivra une épreuve semblable et sera en train de se perdre sur son chemin de souffrance. Nous qui avons cheminé sur la route la moins fréquentée, nous pourrons lui parler ouvertement de l'authenticité et de la force que nous a données notre rencontre avec, à la fois, l'incommensurable et l'inimaginable.

---

1. Ram Dass, ou Richard Alpert aussi connu comme Baba Ram Dass, est un ancien professeur de psychologie à l'université de Harvard. Après un voyage en Inde qui changea sa vie, il fonda plusieurs centres de spiritualité aux États-Unis, ainsi que la SEVA Foundation, qui œuvre auprès des victimes du SIDA et des déshérités. Malgré les séquelles d'un grave accident vasculaire cérébral en 1997, il continue à enseigner.

2. Élisabeth Lesser, *Le Big-bang intérieur, op. cit.*

Quatrième partie

Le rappel de la vie

Ce qui nous fait sortir de la nuit noire est la vie. C'est la vie qui nous rappelle à la vie. Étonnamment, après la rencontre avec le point de rupture émerge un besoin profond d'unir notre personnalité nouvelle à une dimension universelle du soi. Ce besoin intrinsèque est un élan d'authenticité qui émerge de nos profondeurs. L'expérience de la rupture nous dirige vers un point de libération. Le point de rupture est consécutif à la tension de la perte et au ressenti de la blessure. Nous avons perdu ce en quoi nous avions déposé nos espoirs et notre vie, nous nous sommes laissé toucher par une blessure à la fois personnelle et universelle ; nous sommes descendus, à ce moment précis de notre vie, au plus bas. Nous avons touché le fond.

Dans l'ombre, sous les cendres du Phénix, nous avons trouvé un dépouillement qui nous a rapprochés de notre âme et de notre essentiel. Ce trésor intérieur nous permet d'explorer l'état d'être en toute simplicité. Nous pouvons unir notre vie intérieure et notre vie extérieure à l'épreuve. Nous pouvons nous rapprocher de l'expérience de vivre différemment et d'exister dans la douceur plutôt que dans la dureté. Notre regard sur la vie est sur le point de changer, nous quittons petit à petit la peur : la peur de notre ombre, la peur de la douleur, la peur de vivre différemment. Nous nous éloignons pas à pas de l'illusion de la

perfection que nous avions projetée sur notre existence anté-
rieure, lorsque nous vivions pour quelqu'un d'autre ou pour
quelque chose d'autre que nous-mêmes. Mais à présent, qui
habite notre vie si ce n'est nous-mêmes ? Ce « nous », soit la
perception que nous avons de nous-mêmes, est en voie d'évolution. Notre base de référence se transforme et nos valeurs nouvelles n'attendent plus que d'être mises au monde. Après la nuit
noire, certains d'entre nous sont encore agités par les démons
intérieurs qui obstruent leur conscience et leur cœur, tandis que
d'autres retrouvent un calme qui donne accès à l'expérience de
la grâce, semblable à celle du nouveau-né. Nous sommes dans
le mouvement de la naissance psychique, de la naissance d'un
cœur nouveau, de la naissance d'un regard différent sur la vie et
sur les êtres qui nous entourent. Remercions-nous, car nous
collaborons à notre mise au monde ! Nous nous tenons la main
pour rencontrer notre ombre. Nous faisons la connaissance de la
douleur qui serre le cœur et durcit la relation à l'âme. Nous
mourons à une partie de nous-mêmes qui appartient à un passé
dont nous nous détachons. Pourrons-nous tourner la page en
reconnaissant ce qui s'est vécu ? Oui, nous le pouvons, car nous
sommes allés très loin et nous avons rencontré ce qui était pour
nous le plus intolérable à vivre. Du pire, nous nous dirigeons
maintenant vers le meilleur. Sur un feuillet blanc, nous pouvons
réécrire notre vie. Comme il est dit dans le bouddhisme zen :

*Les grandes souffrances sont potentiellement des
moments de transformation majeure. Mais pour que la
mutation s'opère, nous devons nous abandonner à la douleur et descendre jusqu'à ses racines, vivre l'épreuve telle
qu'elle est, sans autocommisération*[1].

---

1. Osho, « La douleur », carte tirée du tarot zen, le jeu transcendantal
du Zen, AGM AGMüller, Neuhausen, 2005.

1

L'écoute du sens

Savons-nous combien est précieuse l'action de renaître et de recréer notre existence sur une base plus profonde ? Il se peut que nous l'ignorions encore, car nous venons tout juste de sortir de la nuit noire et de notre mort symbolique. Nous avons découvert que les êtres et les choses auxquels nous étions attachés peuvent mourir, eux aussi, et que la vie que nous prenions pour acquise peut prendre fin. Cette constatation est troublante : si la vie a une fin, nous avons une fin nous aussi. Ressentir que la fin est toujours là, possible et présente, est pour un temps inacceptable, mais nous finissons par apprivoiser cette réalité. En apprenant que notre vie ne sera plus jamais pareille, nous avons également appris que nous avions une fin – et que nous étions éternels. Reconnaître que toutes les possibilités sont présentes nous fait sortir du cocon de l'immaturité, et nous réveille.

Certes, dans l'expérience de l'épreuve, certains d'entre nous ont peut-être souhaité que la mort mette fin à leur souffrance. Cette envie de mourir est une fuite légitime devant la puissance, la profondeur et la vitalité de la souffrance. Si nous poursuivons notre chemin, c'est que nous avons apprivoisé cette souffrance et, par le fait même, que nous nous sommes réconciliés avec nous-mêmes en reconnaissant ce que nous avons laissé brûler derrière nous dans le feu initiatique du

Phénix. Nous avons changé de forme comme le Phénix, et cette transformation nous a guidés vers une guérison authentique de notre être. Cette rencontre n'est pas aisée, et l'initiation n'est pas terminée. Quelque chose de fondamental nous attend, car en nous réside une puissante énigme qui nous sera révélée. Pour cela, il suffit que notre personnalité, avec ses tensions et ses résistances, s'écarte du chemin ; il suffit que nous saisissions le sens profond de notre souffrance pour que puisse se révéler à nous le sens profond de notre vie.

Nous sommes morts, tout en nous maintenant en vie, et nous avons osé explorer le mystère qui va nous guider vers une union profonde avec tout ce qui est vivant. Nous avons grandi grâce à l'intelligence de l'épreuve, qui n'est rien d'autre que l'intelligence de la vie, l'intelligence de l'amour. Nous ne sommes ni les créateurs ni les victimes de ce qui nous a heurtés. Réveillons-nous ! Maintenant nous savons que ce n'est pas l'épreuve qui nous a brisés. Maintenant nous savons que c'est notre souffrance *face à l'épreuve* qui nous a fracassés. Cette découverte fondamentale nous permet de sortir de l'esclavage de la survie et de nous réveiller à la vie.

Certains d'entre nous sont morts. Ils ne se sont pas maintenus en vie car ils ont utilisé le point de rupture pour quitter cette vie. Mais ce n'est pas à nous de juger des chemins empruntés pour atteindre le point de libération.

Isabelle vivait en symbiose avec son mari de vingt ans plus âgé qu'elle. Il travaillait la nuit, elle le jour ; ils étaient libraires dans une ville de province. Leur librairie était très connue et les gens des campagnes et des villes environnantes venaient s'y ressourcer et s'y approvisionner. Le jour, Isabelle dirigeait la librairie et, le soir, son mari venait y faire la comptabilité. Ils se rencontraient au lever et au coucher du soleil. Un jour, rentrant de sa journée de travail, elle le découvre mort d'une crise cardiaque. Elle entre dans son deuil. À toutes les personnes qui la questionnent sur la perte de son époux, elle répond qu'elle va bien. Elle leur dit : « Je me sens euphorique, il n'est pas loin, il est là, il m'accompagne, je ne suis pas triste. Il n'est pas mort. » Cinq mois passent. Isabelle doit se rendre à l'hôpital car elle a des symptômes de grande fatigue et des étourdissements. On lui diagnostique un cancer fulgurant du pancréas et elle décède deux semaines plus tard.

Qu'est-ce qui fait que certains d'entre nous meurent après l'épreuve ? Qu'est-ce qui fait que d'autres continuent à vivre ? Et s'ils restent, comment vivent-ils ?

Le point de rupture nous amène indubitablement à un changement de forme. Mais quelle forme quittons-nous ? Et quelle forme allons-nous retrouver ? Respectons le chemin que chacun prend dans ce changement de forme. Lorsque la vie frappe à notre porte par le biais de l'épreuve, ouvrons-nous la porte ? Acceptons-nous de changer ? Si nous changeons de forme, c'est qu'il y a une vérité derrière notre souffrance. Notre réaction de souffrance est saine, elle nous démontre que nous sommes vivants, humains, et que nous donnons accès à l'inconnu de la vie. La douleur et la tristesse éveillent notre vigilance. L'inimaginable que nous avons vécu possède un sens profond face à l'amour, à la vie et à la dimension de l'âme. Commençons par reconnaître la douleur en l'assumant, en l'intégrant pour accéder à son intelligence. Ouvrons-nous à la sagesse des événements que la vie nous apporte. Car notre douleur a non seulement un langage, mais une intelligence, une logique irrationnelle qu'il est important de comprendre, non pas mentalement, mais dans notre chair, dans nos émotions, dans l'écoute de l'information qu'elle nous livre. Elle est la piste même de notre guérison intrinsèque. Mais cela, nous l'ignorons à ce stade.

Quand la vie est légère, facile, confortable, vous ne vous posez aucune question. Vous ne prenez conscience d'une chose que lorsque la flèche transperce votre cœur et vous blesse profondément [...]. Votre douleur et vos larmes sont une occasion bénie de prendre conscience [...]. La seule raison d'être de votre douleur est de réveiller votre sommeil[1].

Est-il nécessaire de souffrir pour se réveiller ? Oui. Le point de rupture nous ouvre les portes sur une connaissance plus intime de nous-mêmes, ce qui nous permet de nous rapprocher de notre âme. Pour recevoir le sens profond et caché, le mystère exige d'abord la chute. Il semble que la chute du paradis de l'innocence soit une porte d'entrée pour l'expérience de l'éveil. Cette chute est douloureuse, et c'est cette douleur qui fait que l'on ouvre la porte à la Vie lorsqu'elle vient frapper au cœur de notre maison. Il est bon de mourir, de cesser de se battre, de se laisser aller, de ne plus tenter de paraître. Ainsi, nous chutons au niveau de l'être, et notre descente nous permet de découvrir la grâce de la chute, la beauté du vol de l'aigle, la force cachée de la souffrance. Dans ce processus des cendres, nous découvrons la puissance enfouie de notre être. Il n'y a pas de hasard : si nous avons rencontré l'horreur dans la forme avec laquelle elle s'est présentée à nous, c'est que cela devait être ainsi. Cet événement est une fenêtre ouverte sur notre histoire, notre arbre généalogique, notre mémoire inconsciente du vécu de notre âme et de son choix d'incarnation. L'épreuve, le choc, la fissure créée par son onde et le point de rupture nous appartiennent. Éveillons-nous au fait que ce n'est pas l'événement qui nous fait souffrir, mais ce qu'il soulève en nous, ce qu'il révèle de notre histoire.

J'ai été longtemps la fille de ma tante, ma seconde mère. J'ai compris que, comme elle, j'avais perdu brutale-

---

1. Osho, « La douleur », *op. cit.*

ment mon époux. Comme elle, je me suis retrouvée veuve sans enfants et, comme elle, il y avait une histoire de testament et, comme elle, l'héritage a failli ne pas être reconnu et, comme elle, mon mari n'avait pas d'assurance-vie et, comme elle, j'ai aussi fait une fausse couche. Quelle fidélité ! Je m'arrête là car, comme elle, je ne veux pas mourir d'un cancer de l'estomac.

Extrait de mon Journal de deuil, mai 2001

Marie témoigne également d'un lien qu'elle a fait entre sa vie, la vie de sa mère et la mort de son fils :

Ce n'est que longtemps après que j'ai fait le rapprochement entre ma vie, la mort de mon fils et la vie de ma mère. C'est fou [...]. Mon fils est mort à huit ans, et moi j'ai cédé mon pouvoir à huit ans, car à cet âge j'ai vécu une grande cassure intérieure. Je me suis séparée de moi-même. Ma mère avait huit ans quand son frère est décédé. En psychanalyse, j'ai fait ces liens qui touchent le transgénérationnel, tout autour de l'âge de huit ans.

Nous pouvons toujours, de façon analytique, faire des liens entre les générations, et les liens qui surgissent d'une nuit noire de l'âme et d'une mort consciente sont des soleils de compréhension du sens profond de notre incarnation au sein d'une famille, d'une culture et d'une société. Ces liens qui donnent un sens à ce que nous avons vécu sont les pistes d'une réappropriation de notre vie, de notre pouvoir de guérison. Cette découverte du sens personnel ou transgénérationnel, ou même karmique, fait partie des étapes de la guérison authentique. Le sens découle du fait qu'il est déjà là. Il émerge à notre conscience dépouillée du voile. Penser que l'épreuve, à elle seule, a un sens, c'est projeter sur elle notre pouvoir. Ce qui fait sens, c'est que nous sommes touchés au cœur de nous-mêmes et que dans le cœur de notre corps repose le sens inhérent à notre vie. Nous aurions pu ne pas être là pour recevoir l'événement, nous aurions pu changer le cours de notre vie en évitant de nous présenter au rendez-vous, mais nous nous y sommes présentés. N'y a-t-il pas là un mystère ? N'y a-t-il pas là une réponse ? Il y a, certes, un appel à un grand retour à soi, à l'âme. Guillaume aurait pu flâner moins longtemps devant le kiosque à journaux. Le fils de Marie, qui avait été puni par son équipe de foot, aurait pu rester chez lui ce jour-là, mais il a été rappelé par son coach. Anne aurait pu, le soir de la Saint-Valentin, dîner avec son ex-conjoint, peut-être alors ne se serait-il pas pendu. L'épreuve, en tant que telle, *est*. L'épreuve a un sens. Elle a un sens parce que la société lui en donne un. Elle a un sens parce qu'elle interpelle notre vie. Dans notre société américaine et européenne, l'épreuve a une portée, et cette portée est quantifiable sur une échelle du stress. Un meurtre n'est pas une banalité, une maladie auto-immune non plus, une perte d'emploi non plus. Mais même si notre société leur a donné un sens et une portée, qui vit l'épreuve ? C'est nous. Qui souffre ? C'est nous. Alors, quel est le sens ? Lorsque nous, le rêveur, nous nous éveillons parce que les choses ne se passent pas comme prévu, c'est là que nous pouvons rencontrer le sens. L'épreuve est vécue par nous. Elle est une expression de la vie, et notre vie a un sens. Un sens latent, peut-être, mais qui nous sera révélé lorsque nous sortirons de l'illusion. C'est la vie elle-même, dégagée de sa survie, qui va nous le livrer.

Marie témoigne :

> *Un jour, une amie m'a dit : « C'est parce que tu étais déjà par terre que tu as supporté la mort de ton fils ; si tu avais été debout, tu serais tombée. »*

Marie avait déjà chuté à cause de la séparation d'avec son époux et des symptômes d'épuisement de sa maladie auto-immune. Éloïse avait déjà chuté à cause de la séparation difficile d'avec son mari et l'annonce de son cancer. Anne avait déjà chuté à cause de la codépendance qu'elle entretenait avec son ex-conjoint. Guillaume avait déjà chuté à cause des stupéfiants qu'il prenait depuis un an. Laurent avait déjà chuté car il ressentait en lui un conflit, un décalage entre la vie qu'il menait et la vie qui l'appelait intérieurement. Mais il n'osait pas exprimer son changement de valeur. Ces chutes ne sont pas conscientes, mais dans la profondeur de notre inconscient elles ont un sens que l'épreuve met en lumière.

Nous sommes le 23 novembre 2000. Robert a cinquante ans aujourd'hui, nous avons célébré son anniversaire dans cet hôtel de North Hatley[1] qui est notre lieu de rendez-vous intime. J'ai pris conscience de mon amour immense pour cet homme, et je sais combien il est important pour moi de l'aimer dans le détachement et la liberté. Je suis durement mise à l'épreuve car hier il m'a confié qu'il ne peut pas me donner une réponse sur l'évolution future de notre couple. Il a encore besoin de réfléchir afin de voir s'il poursuit ou non avec moi. Je suis vraiment surprise. J'ai initié depuis le mois de mars cette remise en question de notre façon de nous aimer et je suis face à des résultats qui me dépassent. Pour ma part, en me libérant de faux liens amoureux, je suis devenue encore plus amoureuse de mon mari ; pour sa part, il semble avoir découvert un espace de lien si fusionnel avec moi qu'il se questionne. Il a même choisi d'aller en thérapie jungienne. J'ai soudainement peur, peur de le perdre. Je regrette presque

---

1. Village québécois situé dans la région des Cantons de l'Est, fondé en 1897 à la pointe nord du lac Massawippi.

d'avoir suscité ces remises en question. Je sens ma terre intérieure trembler. À la fois, c'est bon, car rien n'est acquis, n'est-ce pas, Marie Lise ? Mais en même temps je voudrais me cacher sous la couette et ne plus jamais quitter cet hôtel, cette chambre.

Extrait de mon Journal intime, 23 novembre 2000

Ainsi, nous sommes déjà dans une chute qui s'exprime dans nos vies et dans l'épreuve qui nous accompagne. De notre tour d'ivoire de souffrance, nous ne pourrons pas comprendre l'enseignement qui nous est offert tant que nous refuserons notre affliction et que nous porterons des jugements sur notre vécu. Tels les victimes d'une fatalité, nous ne pourrons épouser l'action qui nous guidera vers l'éveil authentique de l'être.

Tout ce vécu est un mystère qui a son implacable logique. Ce mystère nous apprend à suivre le mouvement de la vie et aussi le mouvement de la mort. Étrangement, nous avons cette forte impression que l'événement a cassé en nous un mouvement. Oui, l'événement nous a expulsés du paradis de l'innocence. Nous nous sommes arrêtés de vivre à ce moment précis de l'horreur, car instinctivement, les parties de nous qui ont été heurtées sont certaines qu'à l'horreur va succéder l'horreur. Mais ce qu'il y a de merveilleux, c'est que la vie continue et, comme nous venons de l'expérimenter, qu'il nous a fallu mourir pour vivre.

Il est difficile pour notre ego de vivre le mystère de l'oscillation entre vie, mort et souffrance. Il est également difficile pour notre personnalité de recevoir de la vie un enseignement. Oui, c'est difficile car nous sommes dans l'illusion que nous pouvons contrôler notre vie. Notre personnalité est construite sur une quête du bonheur à tout prix, les yeux fermés sur ce qui est. Notre ego est construit sur une fuite de la souffrance.

J'étais, il y a quatre mois, avec mon ami Louis dans un cinéma de Bruxelles. Le film portait sur la maladie et la mort. J'en suis sortie très ébranlée. Je pleurais, et j'ai dit à Louis : « J'ai quelque chose que je n'ai pas réglé avec la mort. Je sens que je ne pourrai pas quitter la terre tant que je n'aurai pas réglé cette relation à la mort. » Eh bien, j'ignorais à ce moment-là que j'allais rencontrer la mort en personne le 24 décembre 2000, à la porte de ma chambre. C'est incroyable ! J'ai rencontré la mort de mon époux, celle de ma nièce et la mienne. Ma nièce et moi sommes toujours en vie. Il est mort. Pourquoi lui ? Pourquoi pas nous tous ? Cette nuit-là, j'ai reçu un enseignement direct de la mort et de la vie. Je suis comme une grande brûlée, j'ai besoin que la peau de mon âme se répare, et là le mystère pourra peut-être s'élucider.

Extrait de mon Journal de deuil, janvier 2001

Pouvons-nous comprendre, au plus profond de nous-mêmes, que l'épreuve essaie de nous unifier ? Cessons de nous maintenir séparés de tout ce qui nous heurte. Même dans l'épreuve, il n'y a pas de séparation, car cette épreuve nous enseigne comment nous relier à nos forces profondes. Nous sommes témoins de quelque chose qui nous échappe et, par réflexe, nous fuyons ce que nous ne pouvons pas contrôler. Nous avons peur de recevoir l'enseignement qui découle de ce qui nous heurte. Et pourtant, la réelle initiation est là. La fenêtre, ou la porte béante qui s'ouvre devant nous est une formidable occasion de nous rencontrer, non pas dans le moi enfermé dans sa souffrance, mais dans le moi qui est prêt à se laisser initier par cette souffrance. Main dans la main avec notre souffrance, éveillons-nous au fait qu'il existe un sens à toute chose, que la vie regorge de sens. Essayons de comprendre qu'en nous enfermant dans notre souffrance ou notre dépression, nous ne pouvons pas le voir, ce sens, ni l'entendre, ni le goûter.

> *Je dois vraiment avoir la tête dure, car j'ai déjà connu une première épreuve, et je me suis guérie. Puis j'ai vécu des expériences mystiques où j'ai rencontré la grâce et l'amour. Lors de ces expériences, je suis morte et je suis revenue à la vie. Mais je dois vraiment avoir la tête dure car de nouveau la vie vient me chercher là où je n'avais pas envie d'aller. La perte d'un être est ce que je redoutais le plus et m'y voici confrontée. Bienvenue dans l'initiation, bienvenue dans l'intelligence du mouvement de la vie. 'Je suis cocréatrice de cette vie. Suis-je prête à l'entendre ?*

Extrait de mon Journal de deuil, juillet 2001

En acceptant la mort d'une partie de notre vie, nous entrons dans un mouvement qui nous amène à connaître le sens profond de ce qui est vivant. L'événement qui nous a tant heurtés est vivant, il est l'expression de la vie. Lorsque Marie a perdu son fils, cette perte était très vivante ; lorsque Laurent sentait la maladie gagner du terrain dans son corps, cette expérience était très vivante.

Ne résistons pas à la vie, laissons-nous toucher par elle, réveillons-nous. Quittons la position du rêveur. Le point de rupture est nécessaire pour atteindre le point de libération.

2

L'élan de naître

Ce qui nous attend après le point de rupture est une seconde naissance. Nous sommes déjà nés physiquement, nous sommes maintenant poussés à naître psychiquement. Les deux mouvements font partie du chemin d'individuation. La différence, en ce qui concerne cette seconde naissance, c'est que nous n'attendons pas que les autres nous aident à vivre, car nous assumons la responsabilité de la vie en nous et autour de nous. La naissance physique est terminée, la nuit noire de l'âme a coupé le cordon ombilical, il est temps de naître à soi-même et de saisir les rênes de notre vie. Cependant, si nous sommes encore sous l'influence d'un conditionnement parental, social ou religieux, nous associons le mot responsabilité à quelque chose d'ardu et de culpabilisant, tel un devoir ou une tâche. La naissance à soi-même, qui demande que nous prenions la responsabilité de notre vie, appartient à une position d'identité plus vaste que notre moi – ce moi qui a été longuement emprisonné. Cette naissance découle d'un alignement spontané des énergies vitales du corps, du cœur et de l'âme. Nous quittons le monde de l'enfance pour grandir. Nous cessons d'accuser la vie de ce qu'elle nous amène à rencontrer. Acceptons-nous le fait que c'est notre réaction à l'épreuve qui nous a fait souffrir ? Acceptons-nous le fait que des parties de nous-mêmes sont à la source de cette souffrance ? Reconnaissons-nous ce qui nous a heurtés ? Reconnaissons-nous que la perte de notre époux, de notre enfant, de notre intégrité physique, de notre emploi, de notre amour nous a guidés vers nos aspects les plus sombres de révolte, de ressentiment, de victimisation, de fuite en avant, de honte et de culpabilité ? Avons-nous réellement accepté de nous laisser mourir en permettant au feu de notre souffrance de brûler les prisons d'amour et de vie entretenues dans notre passé ? Avons-nous accepté de vivre dans l'inconnu, de vivre dans « il n'y a plus rien », d'expérimenter le plongeon dans le vide ? Le vide n'est pas un rien inexistant ; au contraire, c'est l'existence globale qui vibre d'infinies possibilités. C'est une potentialité absolue. Finalement, tout est possible. C'est dans cet espace du rien et du « tout est possible » que surgit la naissance à nous-mêmes, le mouvement naturel de la Vie, l'élan qui nous ramène à la surface profonde de notre existence, l'appel de la Vie.

Notre inconscient collabore grandement à ce retour à la vie, soit par des rêves annonciateurs, soit par la synchronicité[1], soit par un dialogue dans notre quotidien par le truchement d'un journal intime, comme l'a fait Guillaume ; un dialogue avec un thérapeute, comme celui d'Anne, de Marie

---

1. La synchronicité est une coïncidence significative entre des événements intérieurs et extérieurs, sans qu'existe entre eux une relation causale. Exprimé plus simplement, il s'agit d'événements qui se manifestent sans cause apparente et qui laissent des impressions étranges, mystérieuses, parfois miraculeuses. Les événements synchronistiques qui sont consciemment enregistrés soulèvent en général l'émerveillement, souvent l'inquiétude, quelquefois une réaction d'effroi. Marie Lise Labonté et Nicolas Bornemisza, *Guérir grâce à nos images intérieures*, éditions de l'Homme, Montréal, 2006 ; Albin Michel, 2006, sous le titre *Se guérir grâce à ses images intérieures*.

et d'Éloïse ; ou par l'écoute psychocorporelle du langage du corps, comme l'a vécu Laurent.

Laurent écoutait le langage de son corps pour s'assurer qu'il maintenait son mouvement d'authenticité envers lui-même.

J'ai pris la décision définitive de partir de chez moi et de quitter la relation qui me faisait souffrir. La prise de distance a été irréversible, et j'ai commencé à guérir physiquement. Mon corps me donnait presque chaque fois la réponse en direct [...]. Quand je posais un acte, je sentais le pincement lâcher dans mon dos, et la douleur disparaissait. C'était très porteur. Au cours des semaines qui ont suivi, les symptômes de la spondylarthrite ont diminué, puis ont disparu.

Chez Guillaume, c'est le besoin de retourner dans le monde qui s'est manifesté :

J'ai été jusqu'à la dépréciation totale [...]. Je me suis tellement identifié à ma blessure que je n'étais plus qu'elle [...] je me suis retrouvé dans l'état du sauvage, de l'anarchiste qui ne veut plus avancer. Ce qui m'a ramené à la réalité, c'est que la vie continue, et qu'il faut payer le loyer [...]. Je ne pouvais plus continuer à végéter en retrait de la société [...]. Ce qui m'a aidé, c'est l'écriture [...] petit à petit, cela m'a permis de relever la tête. J'écrivais ma douleur, je retournais aux racines de mon mal-être et cela agissait ; je sentais que la culpabilité régressait [...]. J'ai choisi de m'en sortir... et j'ai contacté mon employeur.

Qu'est-ce qui fait que nous relevons soudainement la tête ? Qu'est-ce qui fait que nous retrouvons notre lumière ? Qu'est-ce qui fait que nous recommençons à vivre comme si la vie était plus forte que tout ?

Rêve de mai 2004. Je rêve que je rencontre une amie. Elle m'annonce qu'elle vient d'apprendre qu'elle souffre d'un cancer du sein. Je lui explique qu'elle peut changer cette situation et qu'elle a la capacité de s'en sortir si elle lâche son refus d'entrer dans une relation amoureuse ; que sa seule voie de guérison est d'oser aimer à nouveau. Je l'invite à cesser d'être une victime, à cesser d'être une mal-aimée, je lui explique comment guérir sa blessure d'amour. [...] Quand je me réveille, je comprends que c'est à moi que je parle dans ce rêve. Mon inconscient vient de m'indiquer, assez directement, merci, qu'il est temps que je cesse d'être une veuve esseulée et que je dois aller vers cet homme qui m'attend depuis trois ans. Ouf ! Aujourd'hui, je m'écris à moi-même : j'accepte d'aller vers cet homme et d'ouvrir mon cœur à nouveau. Merci à mon inconscient, merci à moi-même.

Extrait de mon Journal de deuil, mai 2004

Ce qui nous fait naître à nous-mêmes ne vient pas d'un désir de la volonté mais d'un élan profond et inattendu. Soudain, au fond de notre noirceur où nous n'attendions plus rien, pointe un grand souffle de vie. Pour certains, c'est un appel profond à sortir de la mort, de la souffrance, de la tristesse, de la honte. C'est un cri qui émane de nos cellules et nous demande de vivre. Notre lumière apparaît, elle est là. La lueur se traduit par un élan qui nous projette vers quelque chose, vers quelqu'un, avec un cœur ouvert... au-delà de nos éternels retranchements.

Éloïse témoigne :

Il y a trois ans, je suis allée en Inde, à Tiruvanamalai, à l'ashram de Ramana Maharachi[1]. Je ne savais même pas

---

1. Maharishi Mahesh yogi, de son vrai nom Mahesh Prasad Varma, est

qui il était, mais j'accompagnais ma sœur et une de ses amies qui voulait absolument aller sur la colline sacrée d'Arunachala, qui est Shiva en personne pour les hindous. Je me suis donc laissé guider et, quand je suis arrivée là, il y avait une telle présence : Sat Chit Ananada, l'Être, la conscience, la félicité. Tout était bien pour moi, je n'avais pas besoin d'aller ailleurs. J'étais dans une espèce d'extase. Nous sommes restées là pendant quatre ou cinq jours et, ensuite, je ne sais pas si c'est dû à ce contact puissant, eh bien, mon cierge intérieur s'est allumé ici (Éloïse montre la région de son thymus[1]). Depuis, cette présence m'accompagne et m'aide.

Cette lumière est la force originelle qui va nous guider vers la beauté intrinsèque de vivre. L'épreuve, par sa grâce sauvage, nous aide à nous mettre au monde – une naissance tout aussi puissante que notre première naissance physique. Quelle humilité de naître à nouveau, poussés par l'élan de nos profondeurs, poussés par l'appel de ce qui est vivant !

À l'opposé de notre naissance physique, nous avons, ici, un pouvoir sur le temps de notre gestation, autrement dit nous pouvons nous maintenir longtemps dans une sorte de coma, dans le refus de vivre à nouveau, dans le ventre de notre douleur. Nous pouvons nier les signes précurseurs de l'éveil. Laurent aurait pu continuer de s'enfermer dans une vie qui n'était pas la sienne. Guillaume aurait pu rester sourd aux voix qui l'invitaient à retourner dans le monde. Nous avons, comme eux, un pouvoir sur le temps. Nous avons le

---

le fondateur de la Méditation Transcendantale et du Mouvement de Méditation Transcendantale.

1. Organe situé dans la poitrine entre les deux poumons, qui se développe surtout dans l'enfance et joue un rôle important dans l'installation de l'immunité.

pouvoir de nous attacher à notre identité de survivant. Et quand nous avons épuisé toutes nos ressources, vient la mort consciente, et nous lâchons le temps. Alors, notre perception se transforme et nous cessons de contrôler. Nous changeons alors de forme. Le contexte de non-jugement, la relation d'amour à nous-mêmes, l'écoute et la confiance de notre intériorité nous permettent de nous relier à notre essence, à notre affect, à notre âme. Cette perception de la disparition du temps, vécue autant dans le choc de l'épreuve que dans la nuit noire de l'âme, nous ramène à une dimension d'éternité qui nous permet de nous guérir[1], c'est-à-dire de nous relier à notre force première. Le temps n'existe plus, n'existe que l'abandon à nous-mêmes et à nos profondeurs. C'est à ce moment que se soulève le voile qui a si longtemps obstrué notre lumière. Le meilleur de nous-mêmes peut enfin s'exprimer dans le moment présent ; il imprègne nos cellules. Il n'y a plus d'obstruction, l'énergie de la guérison se transmet à toutes les dimensions profondes de notre être, dans notre corps physique comme dans notre psychisme. L'expression du meilleur de nous-mêmes est un moment d'éternité, car nous sommes en fusion avec notre essence et nous sentons vibrer notre âme. C'est un moment d'amour. Nous changeons de position intérieure et, guidés par un élan naturel, nous quittons les dimensions d'ombre.

Aujourd'hui, assise sur un banc de neige derrière une école de Saint-Sauveur[2], j'ai rencontré le Père Noël. Quelle synchronicité ! J'ai cru halluciner quand j'ai vu apparaître devant moi un traîneau attelé de quatre rennes et, dans le véhicule, le Père Noël en personne. Une appa-

---

1. Marie Lise Labonté, *Le Déclic, op. cit.*
2. Ville québécoise située dans la région des Laurentides, célèbre pour ses stations de ski.

rition ! Incroyable, il semblait tout aussi surpris que moi de me voir là, sur le banc de neige derrière l'école. J'ai compris qu'il se préparait à la « Parade du Père Noël ». Nous nous sommes regardés. Dans mon cœur d'enfant, j'avais l'impression que le Père Noël savait que, le 24 décembre 2000, j'avais cessé de croire en lui. D'un geste de son gros pouce emmitouflé, il m'a fait ce signe qui veut dire : « OK, tout va bien. » Il l'a fait trois fois et je lui ai répondu avec le même geste. Mon cœur d'enfant comprenait : « OK, tout va bien aller maintenant, c'est OK. » Ouf ! Je me suis mise à pleurer. C'était un moment tellement fort pour moi et mon enfant intérieur ! C'était une réconciliation. Aux sons des clochettes, le Père Noël est allé saluer les enfants qui l'attendaient. Ce soir, je me réapproprie mon innocence perdue il y a trois ans, une innocence remplie de la sagesse de mon vécu.

Extrait de mon Journal de deuil, décembre 2003

3

La percée du mystère

La plus grande aventure de la vie, c'est la traversée consciente d'une dépression. C'est aussi le plus grand risque, car rien ne garantit la transformation d'une dépression en percée [...]. Il est clair que le risque est bel et bien réel quand vous plongez dans le chaos [...] toutefois nul n'est devenu un être intègre, un individu en harmonie avec lui-même sans avoir affronté ce danger.

Carte « La percée » du tarot zen

Pour percer le mystère de notre propre existence, nous avons besoin de la vie dans son mouvement naturel des profondeurs. Nous avons aussi besoin de rencontrer la mort pour comprendre la vie. Le plus grand défi est de naître à nous-mêmes afin de retrouver le sens profond de notre incarnation. Car il n'y a pas que la souffrance qui est un guide vers la réalisation, il y a aussi le sentiment profond d'être à notre place, d'être relié à notre mission, qui consiste à accomplir ce pourquoi nous sommes venus ici-bas. Vivre en harmonie avec nous-mêmes, les autres et l'univers n'est-il pas le but ultime de notre incarnation ?

J'ai appris également à respecter le mystère : comme le disait Einstein, Dieu ne joue pas aux dés avec l'Univers, tout est lié et tout a un sens. Bien que ce sens demeure caché [...] nous savons que nous approchons de notre vraie mission sur terre quand l'énergie de l'enthousiasme se transmet à tout ce que nous faisons[1].

Sortir de nos vieux schémas restimulés par un événement troublant, sortir de la répétition du transgénérationnel, arrêter la chaîne de la souffrance de mère en fille, de père en fils, de vie en vie nous permet de vivre unifiés dans un mouvement authentique. Nous pourrons enfin entendre notre âme respirer, et notre cœur battre. La percée, qui nous sort de la noirceur et nous projette vers notre lumière, vient de l'élan, d'un rappel de la vie à la vie. C'est une poussée de conscience qui ouvre le passage de notre naissance. Elle vient de nos entrailles, elle est comme un appel de notre essence et de notre âme à l'initiation de la vie, au partage de la lumière et à la volonté d'aller au-delà de nos valeurs anciennes, de nos croyances, de notre vision étroite de la réalité. Elle est la voix qui nous dit : « Cela suffit, sors de la non-conscience, vis la vie, assume ton incarnation, partage ta beauté en ce monde, sort de ton cocon et choisis de vivre. » Cette voix intérieure se traduit en bien des langues, elle est la voix d'une conscience supérieure qui a toujours été là, mais que nous pouvons enfin entendre. Cette voix de notre âme est cellulaire. Certains l'entendent par l'entremise de leurs cellules. Elle n'est pas qu'auditive, elle est aussi kinesthésique et olfactive. Elle émane de nos sens. Grâce à elle, nous perçons le voile et avons le courage de traverser la nuit noire qui nous a empêchés jusqu'ici de vivre la pleine réalisation de notre être. Telle est la naissance à nous-mêmes : nous sortons de nos protections, de la mort à

---

1. Paolo Coelho, *Le Zahir*, Flammarion, 2005.

une partie de nous-mêmes et nous nous présentons à la vie, vulnérables, certes, mais remplis d'une puissance authentique. Telle est l'audace de vivre. Ce courage est une force naturelle que nous avions à la naissance, mais qui a été modelée pour correspondre à la famille qui nous a accueillis. À présent, nous sommes la famille qui nous accueille, et, pour vivre cette seconde naissance, nous avons dû retrouver le potentiel de vie inhérent à notre incarnation.

> *Je sens pointer la vie en moi, je ne suis plus morte. Dans mes veines coule un élan qui me donne le goût de vivre. En ouvrant les yeux le matin, je salue la vie. J'apprivoise ma vie de maintenant. Je suis restée au fond de mon océan intérieur et j'ai attendu avec un cœur ouvert. J'ai attendu que la vie revienne. Je sens que je remonte à la surface par paliers de décompression. Je suis un rythme intérieur. Rien n'est logique et en même temps je perçois que tout se tient et qu'il y a une logique qui existe bien au-delà du rationnel. C'est inexplicable. Je retrouve une énergie dans ma psyché. J'ai moins souvent besoin de faire des activités pour remplir le vide laissé par la perte. J'ai envie d'être, de savourer et de contempler la vie. J'ai cette impression que j'avais les yeux obstrués et que je ne voyais plus la vie, sa simple beauté. Je retrouve ma vie contemplative, comme lorsque je me suis guérie de ma maladie.*

Extrait de mon Journal de deuil, janvier 2005

Nous revenons d'un grand voyage dans les entrailles de notre monde intérieur, et nos qualités intrinsèques sont présentes. Nous sommes à la fois vulnérables parce que nous avons été blessés dans nos entrailles, et forts parce que nous sommes en présence de la vie. Nous sommes à la fois sensibles car nous avons été touchés dans notre cœur, et solides car nous avons reconnu notre lumière. Le vide que nous venons de traverser se remplit naturellement de pure joie de vivre. Notre regard se tourne vers l'extérieur et s'ajuste à ce nouvel état. Notre cœur vibre devant la délicatesse de ce moment qui soudainement emplit l'espace de notre vie. Nous nous ouvrons de nouveau à la vie, sans jugement sur ce qui la soutient et la porte. De morts que nous étions, nous sommes vivants, émerveillés, et reconnaissants d'être tout simplement là. Nos systèmes corporels perçoivent la percée car nous ressentons physiquement le changement ; nous sentons la fatigue nous abandonner et nous épousons l'élan ; notre système immunitaire retrouve son équilibre. Les symptômes physiques qui nous faisaient souffrir s'atténuent pour faire place à une circulation naturelle de la vie. Notre corps se libère d'une lourdeur psychique. Nous sommes ouverts de cœur et d'âme. Notre confiance en notre propre élan et notre ouverture se communiquent aux autres et, par ce fait même, nous attirons à nous un retour de la vie, une fluidité, une tranquillité.

Éloïse nous fait part de ce passage important pour elle :

> *Pour terminer le divorce, j'ai mis tous les emprunts à mon nom et j'ai dû lui donner [à mon mari] la moitié de tout ce que j'avais placé à nos deux noms. C'était révoltant ! Mes avocats m'ont dit : « Écoute, mieux vaut s'en sortir, faire un trait et reprendre ta liberté. La liberté n'a pas de prix. » Alors, j'ai lu des livres chamaniques ; il y avait un rituel à faire, un cercle à faire, se mettre dedans, s'y asseoir ; je sais que j'ai fait ça et je me suis mise en méditation, et un jour la phrase de Jésus sur la croix m'est venue spontanément : « Mon Dieu, pourquoi m'as-tu abandonné ? Mais que ta volonté soit faite. » Ce « Que ta volonté soit faite » était un vrai lâcher-prise à ce moment-là, parce que je me suis rendu compte que, jusque-là, j'avais toujours tout contrôlé. C'est à partir de l'irruption du cancer, à*

cinquante ans, que j'ai commencé à faire beaucoup de yoga, de méditation – voies importantes pour moi. J'ai lâché une série de choses. Et la bouée de sauvetage à laquelle je m'accrochais, c'était la petite phrase d'une amie psychanalyste, qui n'arrêtait pas de me dire : « Dis-toi qu'il y a un après ! » Cette phrase, je la répète à tout le monde parce qu'elle m'a aidée. « Dis-toi qu'il y a un après. » Quel après ? Je ne sais pas, et peu importe, l'important c'est que ce ne soit pas la fin. J'ai donc tout lâché et tout a commencé à s'arranger : mon divorce s'est bien passé et j'ai même commencé à me sentir mieux dans mon corps.

La percée nous entraîne automatiquement dans une ouverture de conscience sur notre vie. Soudain, apparaissent des directions. Le mouvement est authentique, nous sommes guidés de l'intérieur par la partie de nous-mêmes qui sait. Les doutes s'estompent et nous osons aller de l'avant, tout en restant détachés des résultats. Nous avons appris inconsciemment. Nous n'agissons plus dans l'obscurité de notre monde intérieur. Nous sommes maintenant au grand jour, dans une action claire et authentique. Avec humilité, nous suivons notre élan, nous posons des gestes, nous partageons notre lumière.

Et Éloïse de poursuivre :

Mon père disait : « Quand on a tout perdu et qu'on n'a plus d'espoir, on prend son pan de chemise pour s'en faire un mouchoir. » C'est bête à dire mais c'est vrai, tu trouves toujours quelque chose pour parer au plus pressé, en l'occurrence pour sécher tes larmes. Et même, après coup, je me dis que s'il fallait revivre ma vie, j'aimerais autant me passer de ce vécu, mais je ne regrette rien parce que avant je vivais un peu comme un petit automate. Maintenant, c'est autre chose […]. Je vais toujours dans le sens de la vie ; je me sens un pied dans la vie intérieure, un pied dans la vie extérieure, et je fais des allers et retours, donc je suis de plus en plus en introspection. À mon avis, la spirale de descente a dû durer entre un et deux ans et la remontée s'est faite comme un déclic. Je suis remontée, oui, la remontée a été assez rapide, avec des paliers. Mais dans ces paliers où j'aurais pu rechuter, je me mettais à l'écoute de ce qui se passait à l'intérieur. Assez vite, j'ai commencé à me lancer dans des activités, à assister à des séminaires sur la cuirasse parentale[1], la rencontre avec l'enfant intérieur[2], la MLC ©[3], et cela m'a beaucoup aidée.

À présent, dans notre amour de la vie et dans le choix de nos actions conséquentes, nous nous retrouvons seuls sur un chemin d'authenticité non fréquenté. Mais nous ne sommes pas tout à fait seuls car nous sommes emplis de notre être, de notre âme ; nous sommes collés à nous-mêmes comme si nous dansions un « pas de deux » enjoué avec notre vie. Toutefois,

---

1. Marie Lise Labonté, *La Cuirasse parentale*. Séminaire durant lequel les participants sont mis en présence de l'« image » du corps de leurs parents ou substituts parentaux. Les différents outils utilisés aident le participant à identifier, en lui, les postures et conditionnements qu'il a créés dans sa recherche de l'amour symbiotique. http://marieliselabonte. com/fr/2semparent.htm

2. Marie Lise Labonté et Louis Parez, *Libération de l'enfant intérieur*. Séminaire durant lequel le participant est guidé dans une exploration de ses mécanismes de protection et dans une rencontre avec sa blessure fondamentale. Différents outils sont utilisés pour, en premier lieu, établir un dialogue avec l'enfant intérieur, en deuxième lieu, pour l'apprivoiser si nécessaire, et en troisième lieu pour le libérer des zones d'enfermement dans lesquelles il a inconsciemment été placé. http://marieliselabonté. com/fr/5semenfant.htm

3. Marie Lise Labonté, *La MLC ©, Méthode de Libération des Cuirasses, Approche globale du corps par le mouvement d'éveil corporel* est une approche psychocorporelle et énergétique qui s'inspire de mon processus d'autoguérison et de plusieurs années de recherches et d'expérimentations en médecine psychosomatique et énergétique. http://www. marieliselabonte.com1fr/mlc.htm

notre milieu familial et professionnel ne comprend pas nécessairement cette naissance à nos valeurs intrinsèques. Notre bonté, notre sourire peuvent être mal interprétés par ceux et celles qui nous ont connus plein de ressentiment envers la vie. Cette nouvelle voie n'est pas toujours comprise par nos proches, car elle ne fait pas partie de leur système de valeurs. Par ce fait même, nous nous différencions de la masse collective et du système familial qui nous a entourés après l'événement. Notre entourage nous voit agir différemment, il nous voit faire des choix ancrés sur notre renaissance, et il ne nous reconnaît pas. Nous sommes pourtant toujours humains, et même encore plus humains qu'avant. Notre humanité découle de ce passage, de cette traversée de nos tréfonds, dans lesquels nous avons rencontré le pire en nous, qui a été brûlé dans le feu du Phénix. Notre humanité vient du point de rupture. Nous avons retrouvé naturellement notre lumière et ce, parce que nous avons tout simplement accueilli notre ombre. Nous avons relié notre humanité à notre divinité.

La percée crée en nous l'ouverture à la grandeur de la vie, de notre vie et de son mystère. Nous inspirons autour de nous une grâce qui ouvre les cœurs. Cette spontanéité d'être, cette ouverture et cette simplicité peuvent sembler fausses, empruntées, à ceux et celles qui ne savent pas lire dans notre regard le langage de notre âme. Nous sommes sortis de nos cendres et nous apprécions la vie pour ce qu'elle est. Nous avons appris et nous remercions. Notre système familial et amical finira par nous accueillir dans notre différence. Certains se laisseront même toucher par notre ouverture du cœur. Nous sommes différents, mais cette différence finira par inspirer nos proches.

Car, comme le dit Anne, nous touchons notre famille :

Le suicide de mon ex-fiancé a été un tel coup, et mes réactions et ma transformation ont été tellement fortes que j'ai fissuré la tour d'ivoire de la famille. Aujourd'hui, nous pouvons nous parler, et même oser nous parler un peu plus en profondeur, comme si l'événement avait créé un rapprochement. Il y a eu aussi, naturellement, ce chemin que j'ai fait, dans la guérison, en ce qui concerne ma mère [...]. En me guérissant du deuil et de la culpabilité, j'en suis arrivée à grandir, à ne plus être une petite fille devant ma mère. Lorsqu'elle me dit une chose qui autrefois m'aurait touchée, cela ne me touche plus, je comprends qu'elle n'agit pas pour me blesser. C'est vraiment un mouvement de maturité de ma part d'arriver à la voir avec du recul, tout en étant capable de lui donner de l'amour.

Laurent a suivi son élan pour se guérir. Il est parti vivre seul. Ce fut une réelle percée. Il en témoigne :

Le changement était plus intérieur qu'extérieur. J'ai posé des actes qui venaient de mes choix profonds [...]. Je l'ai fait par étapes. J'ai eu effectivement, comme je le prévoyais, beaucoup d'oppositions, de reproches par rapport à ma décision. Chaque fois, j'ai dû m'affirmer vis-à-vis du système un peu plus élargi. C'était une rupture avec mon passé, en ce sens que j'ai commencé à oser dire ce que je pensais de ma relation avec ma femme et avec ma profession [...]. C'étaient des choses qui semblaient un peu particulières, moins conventionnelles, et ça faisait très peur à ceux qui m'écoutaient. Ils étaient en réaction par rapport à ça. Mais je m'affirmais de plus en plus : « Pour moi, je sens que c'est juste et important, que ça me fait du bien, que c'est bon. » Malgré la désapprobation, malgré, parfois, des mots très durs, je suis resté dans ce que je pensais être bon pour moi.

La percée nous aide à nous mettre au monde et à vivre en présence de l'essentiel.

4

La guérison authentique

*Pour que la véritable énergie de l'amour puisse traver-
ser votre âme, elle doit vous trouver comme si vous veniez
de naître*[1].

Nous ne pouvons plus compromettre notre grâce et notre
authenticité. Nous sommes comme la graine qui sort de sa
gangue, nous perçons l'enveloppe, nous avons le courage de
vivre différemment. Petit à petit, nous poursuivons notre chemin dans la non-séparation et nous ne tentons plus de plaire ;
nous sommes aussi authentiques que le mouvement de la vie
qui nous a heurtés de plein fouet. Nous sommes là et, certes,
si nous rechutons dans le compromis mais surtout dans le
mensonge à nous-mêmes, ce qui est fort possible, nous
savons que ce chemin de non-amour ne pourra mener qu'à
une séparation de notre nature. Notre baromètre, c'est notre
âme, notre cœur et notre corps. Après cette traversée, nous ne
voulons plus nous éloigner de nous-mêmes et du sens de
notre vie. L'énergie fondamentale qui a été le fil conducteur
de notre mise en mouvement est l'amour. L'amour dans son
expression la plus pure, qui appelle en nous la vie. Car la vie
qui nous rappelle appartient à cette dimension de la grâce

---

1. Paolo Coelho, *Le Zahir, op. cit.*

sauvage, c'est-à-dire au mouvement spontané de guérison, d'autoréparation, d'amour sans condition.

Marc est un psychologue reconnu internationalement dans le domaine de la psychologie moderne. Après avoir consacré plusieurs années de sa vie à la pratique thérapeutique et à l'écriture de quelques ouvrages, il sent le besoin de changer de vie et d'aller vers une existence plus artistique, car il est aussi musicien. Pendant toutes ses années d'études, il a souffert d'une maladie auto-immune, qu'il a soignée de manière naturelle et parfois allopathique – cela dépendait de l'évolution de ses symptômes. La difficulté dans la vie de Marc, c'est que même s'il dit vouloir changer de vie et qu'il procède à des changements démontrant qu'il s'aligne dans ce processus, il ne réussit pas vraiment à changer. La notoriété est là et ne le lâche pas. Un jour, par un hasard qui n'en est pas un, on découvre qu'un cancer touche plusieurs organes de son corps. Marc réagit aussitôt en annulant toutes ses activités et en entrant dans un long processus au cours duquel il reçoit tous les soins que la médecine lui propose. De pair avec les soins médicaux, Marc entame un processus actif de visualisation et de dialogue avec son inconscient. À un moment précis, toujours en relation avec son monde intérieur, Marc ressent au plus profond de lui-même qu'il en a assez de vivre. La dureté de la chimiothérapie l'épuise physiquement et psychologiquement, même s'il est en accord avec les soins prescrits. Il entre alors dans un mouvement dépressif qui va durer plusieurs semaines. Un jour, lors d'un séminaire intensif sur la rencontre avec le potentiel de vie, il entend, pendant une séance de visualisation très profonde, les cellules de son corps lui parler. Marc sent une chaleur profonde emplir son ventre et sa cavité abdominale. Il perçoit comme jamais le feu de vie qui l'habite. Il retrouve alors spontanément la joie de vivre. Quelque chose en lui a bougé. Dès lors, il laisse la vie appeler la vie en lui. Six mois plus tard, les médecins ne trouvent plus aucune trace de cellules cancéreuses dans les organes qui avaient été atteints. Marc est guéri. Il peut maintenant mettre en action son changement de vie.

Notre corps, notre psyché, notre âme sont comme les membres d'une même famille qui s'attablent pour communier autour du repas de notre vie. Les portes s'ouvrent et l'univers nous renvoie la beauté de notre mouvement vers la vie, vers les autres et vers toutes nos dimensions. Notre vision du monde s'est élargie, car ce n'est plus notre personnalité qui mène notre vie, c'est notre âme. Notre personnalité est au service du meilleur de nous-mêmes. N'oublions pas que nous avons rencontré notre ombre, que nous avons navigué vers des terres étrangères, que nous avons apprivoisé des forces souterraines. Par le fait même, nous n'avons plus peur de la dépression, de la colère, du désespoir, de la tristesse. Nous comprenons la souffrance planétaire, nous ne jugeons plus les événements de la vie, ni les actes posés ; c'est ainsi que nous pouvons vraiment nous aider et aider les autres. Notre vie s'ouvre à une conscience transpersonnelle. Comme le dit Guillaume, nous ne pouvons pas perdre plus puisque nous avons tout perdu. Alors, nous accueillons tout ce que la vie nous offre.

Guillaume nous raconte comment il a fait le choix de se mettre au monde :

J'ai osé rappeler mon tour-opérateur et je lui ai dit : « Voilà, malgré ce qui s'est passé, est-ce qu'il est possible que tu me redonnes une chance ? Est-ce qu'il est possible que je puisse à nouveau travailler avec toi ? » C'était un acte où une partie de moi, très humble, était prête soit à essuyer un nouveau refus... soit à tout gagner. Mais je ne pouvais pas perdre plus. Donc, il fallait aller au-delà de la honte, et tendre la main. À ma grande surprise, il n'y a eu, de l'autre côté, aucun jugement. On m'a proposé une autre aventure, on m'a donné une deuxième chance.

Cette expérience de la perte nous amène à l'humilité. Nous devenons le contenant où se partage l'expression concrète de l'amour. Notre cœur s'ouvre et nous partageons cette ouverture.

Anne nous raconte cette étape vers sa guérison :

Ce que cette épreuve m'a apporté, c'est d'être moi-même ; de suivre mon intuition, d'être là, de dire les choses quand elles sont là, de ne pas accumuler. Tout peut se dire, en ce sens que, peu importe la chose à dire, le plus important c'est de la dire avec amour.

Cette force d'amour nous permet de relier constamment notre personnalité à notre âme. Elle maintient le pont entre ces plans de conscience qui, dans notre vie d'avant et en raison du choc de l'épreuve, s'étaient désunis. S'ouvre à nous, soudainement, un champ plus élargi de notre conscience du quotidien, et par le fait même une ouverture devant tout ce que nous rencontrons. Cette ouverture nous remet en présence d'un sentiment de liberté profonde, de joie d'être nous-mêmes, et de plaisir de recevoir les autres tels qu'ils sont. Nous donnons libre cours à cette liberté et à ce non-jugement. Le voile de nos illusions est levé, nous pouvons maintenant entrer dans la vie et découvrir que, derrière les événements, il y a une réalité autre. Nous avons découvert ce mystère : en tout réside son opposé. Nous pouvons relier le crépuscule à l'aurore, la nuit au jour, la haine à l'amour, la mort à la vie. La vie a frappé à notre porte, et la vie appelle la vie. La vie nous invite à déployer notre âme, et ce, en vivant une guérison authentique du « pire » de ce qui pouvait nous arriver. La vie est venue nous chercher dans les plus grands retranchements de notre personnalité afin que nous nous révélions à nous-mêmes. La lumière de notre âme nous habite, le soleil de notre divinité est toujours présent, nous avons compris que seul notre ego, notre personnalité emprisonnée, pouvait faire de l'ombre à notre lumière. Ce que le processus du Phénix nous a apporté, c'est la révélation de notre puissance. Ne limitons pas l'issue de ce processus à la guérison exclusive du corps, n'oublions pas d'y inclure l'âme. Nous vibrons, nous aimons, nous touchons, nous sourions, et c'est ce qui est le plus important. Il n'y a pas de jugement sur l'expression que prend la sortie de notre nuit noire. Le plus important, c'est d'avoir le cœur ouvert et un esprit d'émerveillement. Tout comme le jeune enfant exprime spontanément son émerveillement et sa réceptivité, l'appel authentique de la vie nous permet d'exprimer notre émerveillement face à la grandeur de l'univers et à la beauté des êtres, et à la vie elle-même. Notre regard n'est plus le même, car nous agissons à partir de notre soi, de notre âme, du meilleur de nous-mêmes. C'est ce qui sous-tend nos actes. Ce geste d'amour perpétue éternellement l'énergie, en nous, de la guérison, car nous nourrissons nos cellules à notre source, et nous les relions à notre joie de partager l'amour. Ne plus entretenir les voiles du jugement et de la division, devenir transparents à notre âme est une mission qui s'impose d'elle-même. C'est ainsi que nous changeons notre perception, notre position intérieure, notre regard sur la vie.

Guillaume témoigne de ce passage crucial de sa guérison :

Cette force de retour à la vie a été très importante car cela a modifié la perception que j'avais de mon travail, mais aussi du partage et de tout ce qui pouvait se passer au sein de cet emploi. Tout à coup, je reprenais conscience de ma fonction réelle, de ce à quoi je servais, du but de mon travail : partager tous ses bons côtés avec ceux qui m'entouraient. Je ne voulais plus exceller, je n'avais plus envie d'être le meilleur. Je voulais tout simplement être apprécié pour mes qualités. J'ai alors donné plus d'importance à la valeur du partage de mes qualités au sein de ma profession. J'étais plus présent au groupe. Je travaillais dans l'amour. La guérison, pour moi, c'était être plus présent dans l'instant présent.

Comme nous le dit Guillaume, cette guérison est possible parce que nous nous sommes dépouillés des faux-semblants, des constructions qui assombrissaient notre lumière. Notre vie est désormais fondée non pas sur les valeurs du passé mais sur un réel mouvement de partage de notre expérience, de nos connaissances profondes et de notre amour.

Laurent nous parle de ce changement :

Il y a eu à l'intérieur de moi un changement de position. Petit à petit, je m'affirme intérieurement : dorénavant, c'est moi qui sens, qui sais ce qui est juste, et j'affirme ça dans l'amour. J'arrête de me contorsionner pour rentrer dans un moule afin que tout le monde soit content – alors que je ne le suis pas moi-même.

Mais attention ! Nous portons toujours autant la capacité de détruire que de construire. Nous portons également en nous des forces instinctives animales, qui consistent à préserver la vie à tout prix, et les forces divines de notre nature. Vivre authentiquement, c'est vivre en accord avec les valeurs qui respectent la vie et la liberté d'expression, de communion – à l'opposé de dogmes arrêtés ou figés dans le temps et l'espace. De là émane une fluidité, un mouvement libre que nous ressentons et qui permet à tous nos systèmes physiques, psychiques et spirituels de se remettre en mouvement. Lorsque à nouveau pointe une tension, c'est que nous nous éloignons de notre vérité, tout simplement, mais il ne tient qu'à nous de nous réaligner et de nous détacher, ce qui permettra le libre mouvement des forces en opposition.

Pouvons-nous assumer ces forces sans tenter de les retenir dans leur mouvement, sans les enfermer dans un système de croyances, sans chercher à les opposer, sans les juger, sans les retenir ? Si nous arrivons à vivre dans une plus grande transparence et dans le partage de notre être, nous pourrons alors qualifier ce vécu de guérison authentique. Dans la transparence de notre cœur, il est plus aisé pour notre âme d'habiter à nouveau notre enveloppe. Pour certains, ce ressenti de l'âme est inexistant. Ce qui est présent est une conscience supérieure, une force lumineuse qui habite dorénavant leur quotidien, comme s'ils n'étaient plus seuls. Mais le plus important, c'est de nous laisser guider par cette grâce qui nous habite et de permettre à nos actions de « s'aligner » sur notre cœur. Ainsi, nous resterons authentiques. Il n'y a pas d'assurance, pas de garantie que nous atteindrons définitivement cet état ! L'union authentique est un mouvement quotidien, un dialogue conscient avec les forces, en nous, divisibles et indivisibles, visibles et invisibles sur lesquelles repose notre quotidien. Suivons notre intuition, prenons des décisions qui soient à l'écoute de notre cœur, faisons des choix qui respectent nos valeurs, écoutons notre intériorité et non pas les diktats d'une vie fondée sur une construction fausse de nous-mêmes. Vivons collés à nous-mêmes, dans une vision qui s'ajuste constamment parce qu'elle n'est pas figée, parce qu'elle est évolutive et constructive.

Nous savons maintenant qu'il nous est impossible d'être satisfaits ou insatisfaits comme nous l'étions, auparavant, par le gain, la possession, la victoire, la perte, le doute et la division. Dans cette guérison, nous avons appris à ne plus donner une partie de notre force vitale à l'illusion de l'opposition, car nous savons que tout a un sens et que tout est relié dans une toile de conscience cosmique. L'amour que nous partageons touche notre voisin et ceux qui vivent à des milliers de kilomètres de notre domicile. C'est ainsi que nous continuons à porter en nous et autour de nous la guérison et l'amour qui guérit. Dans l'état actuel du monde, les circonstances peuvent être difficiles. Le monde entier est dans un tel état de lutte, de conflit, de combativité entre les forces d'oppression et les forces de lumière ! Mais nous sommes semblables au monde : il nous renvoie ce qui est en nous et nous lui renvoyons notre séparation ou notre union. Nous sommes unis et nous en prenons étrangement conscience, car nous savons que dans la vie et dans la mort repose un mystère que nous abritons. Nous savons que des épreuves semblables à celles que nous avons vécues existent partout dans le monde. Qui n'a pas été touché directement ou indirectement par un événement dévastateur ? Il est temps de guérir et de s'unir.

Nous avons été invités par la vie à nous détacher réellement de ce qui nous faisait le plus souffrir – sans fuir cette souffrance, cependant, mais en l'épousant. C'est cela qui nous a amenés au détachement. Ce n'est pas un concept, c'est une expérience concrète de l'authenticité. Nous pouvons désormais aider les autres car nous avons la capacité d'aimer ce qui n'est pas aimable. C'est ce que nous avons vécu dans la nuit noire, dans la sortie de nos ténèbres. Nous nous sommes unis à ce qui était le plus difficile à accueillir : notre souffrance, notre fermeture du cœur, nos retranchements. À présent, nous pouvons partager. Cette grâce, cette présence ne va plus nous quitter ; ce que nous avons ouvert ne se refermera pas. Nous pouvons nous contracter, nous pouvons résister, mais cela ne change rien, nous connaissons à présent le chemin de la réelle libération, et nous pouvons le montrer aux autres.

Laurent témoigne de son expérience de l'amour dans l'épreuve de la maladie :

Le fait de m'être rapproché de moi par la maladie m'a permis aussi de me rapprocher de l'amour en moi [...] c'est ce qui a guéri ma blessure d'amour, parce que effectivement, derrière cette maladie, il y avait aussi une blessure d'amour. J'avais peur d'aimer. Aujourd'hui, je me rends compte qu'effectivement j'aime mieux, de façon plus vraie, plus profonde, et que le fait de m'être ouvert à ces dimensions à l'intérieur de moi me permet de recevoir un amour plus vrai, plus fort, plus nourrissant. Oui, il est clair que l'amour m'a aidé et m'aide encore.

Cinquième partie

Une autre façon de vivre

Lorsque la vie, par le biais de l'épreuve, vient frapper à notre porte, nous sommes face à un choix. Allons-nous mourir de notre plein gré à notre passé et changer d'existence, ou allons-nous rester victimes d'une fatalité, jusqu'à en mourir ? Ce choix est important car, d'un côté, nous explorons une autre façon de vivre qui porte les couleurs de l'espoir et d'un éveil, et de l'autre nous restons enfermés dans une vie qui porte les couleurs du désespoir. Ce choix nous appartient, car nous ne sommes pas les victimes de l'épreuve et nous pouvons l'utiliser pour servir notre évolution. Ce changement de vie est inspiré par une naissance à nous-mêmes, une naissance psychique où notre âme et notre personnalité se rencontrent dans l'exploration du mystère de la vie et de la mort. Nous pouvons accueillir ce que l'épreuve stimule en nous et entrer ainsi dans le processus du changement qui va nous guérir. Du point de vue de l'ego, cette étape est difficile, car l'épreuve peut nous balayer comme un tsunami. Mais prendre la responsabilité de la surmonter, c'est reconnaître que nous avons la force intérieure nécessaire pour changer notre relation à la souffrance, à la mort et à la vie.

Cette initiation va nous permettre de grandir.

Lorsque le choc nous fait perdre le contrôle, nous avons, par réflexe, des réactions d'auto-accusation – « C'est ma faute » – ou des réactions de toute-puissance qui nous portent à croire que nous sommes à la source de l'épreuve. Si nous étions tout-puissants, nous pourrions changer le cours des événements, empêcher les êtres que nous aimons de mourir, et nous maintenir en parfaite santé. Si nous étions tout-puissants, nous pourrions empêcher la chute de la grâce et éviter que la planète souffre. Mais nous ne sommes pas tout-puissants, et nous avons été mis en position de vivre un grand état de vulnérabilité afin de mieux comprendre cette réalité. Le fait d'avoir tout perdu nous oblige à une humilité et à une profondeur qui changent notre regard. Ce dénudement pro-fond, provoqué par le contact avec la maladie, la mort ou la perte d'identité, nous révèle le côté éphémère des choses. Le voile de l'illusion se lève. Nous découvrons à quoi peut res-sembler la mort, et nous sommes poussés à changer notre vision de la vie. Une nouvelle existence commence, inspirée par une écoute de notre intériorité et de notre intimité. Nous sommes conscients qu'il est possible de mourir et de renaître chaque jour, ce qui nous maintient dans une disponibilité inté-rieure, une innocence, une sagesse face aux événements. Notre quotidien se construit différemment. Il est ancré sur des valeurs plus essentielles, nourries par l'énergie de nos profon-deurs et l'émergence d'une dimension nouvelle. Un désir de changement, un nouveau regard apparaissent, alignés sur notre cœur, notre âme et nos élans. Cette émergence prend forme petit à petit, elle est à l'image d'un nouveau moi, d'une personnalité plus transparente, plus ouverte à l'expression de notre âme. Elle nous libère des jugements que nous portions sur le passé, le présent et l'avenir ; elle nous permet de nourrir une vision élargie du mouvement de la vie en nous et autour de nous. Libérés du joug de la souffrance fondamentale que nous avons rencontrée par le biais de l'épreuve, nous nous aimons librement et collaborons à l'humanité qui, comme nous, connaît la souffrance, l'horreur et la peur. En nous accompagnant nous-mêmes, nous accompagnons les autres, grâce au pouvoir de l'amour et d'une forme de contagion qui fait que nos qualités humaines se transmettent d'âme à âme, de cœur à cœur et de corps à corps. Notre vision unifiée du monde peut inciter les autres à vivre différemment, à lever le voile de l'illusion. C'est la mission qui nous attend. Par le simple fait d'être porteurs d'une autre façon de vivre, nous pouvons apprendre aux autres à se retrouver, à s'aimer et à reconnaître la grandeur de l'enseignement vivant qu'est la vie. Cette nouvelle manière de vivre procède d'un regard conscient sur notre vie personnelle et d'un regard conscient sur notre évolution en tant qu'être humain en ce monde. Nous sommes incités à agir dans la justesse du cœur et dans la connaissance intuitive des événements de la vie.

Nous sommes reliés à notre divinité.

Bernard Giraudeau, acteur réputé, a souffert d'une grave maladie qui l'a amené à vivre autrement. Il en témoigne dans une interview :

> *J'étais vraiment parti pour me casser la figure. J'allais trop loin. J'étais dans une impossibilité de réagir, dans une sorte d'étouffement, un trop-plein de ce métier, de paraître, dans l'incapacité de savoir comment faire pour arrêter cette course effrénée vers le néant. Et la maladie est arrivée. Je n'ai jamais ressenti ni colère ni sentiment d'injustice. Même à l'instant où mon premier cancer du rein a été diagnostiqué. J'avais eu une vie délirante et j'ai connu des choses magnifiques et tout aussi terribles. Quand, à cinquante ans, la mort – en réalité ce n'était pas la mort, mais la vie – est venue frapper à ma porte, j'ai arrêté presque avec soulagement. C'était le moment de savoir dire non à ce qui était hors de l'essentiel. J'étais dans l'acceptation immédiate. Je ne reviendrai jamais du voyage de la maladie, je ne reviendrai jamais vers la vie*

d'avant. Jamais. La peur de la mort existe, certes, bien que je pense que ce soit la peur fondamentale de la séparation, mais il faut l'accepter, le secret c'est l'acceptation [...]. *La maladie est un voyage dont on ne revient pas : soit c'est la mort, soit c'est une autre vie qui commence* [1].

---

1. David Le Bailly, entrevue avec Bernard Giraudeau, *Paris Match*, 24 avril 2009.

1

Le changement de vision

Nous avions, dans notre vie d'avant, une vision étroite de notre réalité. Mais à des moments précis, une voix en nous disait que ce que nous percevions n'était qu'une partie d'un univers beaucoup plus vaste. Combien de fois avons-nous eu l'intuition qu'en ouvrant notre cœur face à une situation ou à un être, nous pourrions les percevoir de façon totalement différente ? Nous avons, par le passé, souvent refusé d'entendre cette voix qui nous guidait vers une expansion de l'être. Dans notre vie d'avant, nous possédions une vision construite qui nous donnait un sentiment de sécurité et un sens. Nous nous nourrissions de projets décidés d'avance : « À tel âge, j'aurai un bébé » ; « À tel âge, je quitterai la ville » ; « À la retraite, je ferai de la sculpture » ; « Dans un avenir proche, je prendrai le temps de vivre sereinement ». Ces rêves, ces projets n'étaient pas mauvais en soi. Le problème, c'est que nous étions convaincus qu'ils étaient la réalité d'un avenir que nous pouvions contrôler. D'autre part, influencés par des systèmes de croyances familiaux, culturels ou sociaux, nous avons souvent, et malheureusement, remis au lendemain des décisions, des projets et même des élans qui inspiraient notre présent. Nous étions programmés et, soit par peur, soit par complaisance ou par soumission, nous avons refusé de vivre la spontanéité d'un élan, d'un appel à vivre différemment. Nous sommes restés enfermés dans un confort qui, à la longue, a restreint notre élan vital. Mais nous n'osions pas questionner nos attitudes, nos conditionnements et nos choix. Même si nous portions inconsciemment des lunettes teintées des couleurs du transgénérationnel, de la famille et de l'ignorance, notre regard trahissait parfois un sentiment de vide, de peur ou de regret d'être passés à côté d'un amour et d'un changement de vie.

Pendant l'onde de choc, l'épreuve a déchiré le voile de nos illusions. Ce fut une réelle invitation à élargir le regard que nous portions sur les autres, sur nous-mêmes et sur la vie. Cette entaille provoquée par le choc nous a entraînés dans une dissociation. Notre âme s'est déracinée de notre corps et nous nous sommes retrouvés, tels des électrons libres, coupés de notre lumière. Nous avons perdu momentanément la vision de notre vie. Aveuglés, nous sommes entrés dans un temps de confusion. Ni l'avenir, ni le présent, ni le passé n'avaient de sens, et le fil qui nous reliait à une structure construite se faisait de plus en plus ténu. L'épreuve secouait notre champ de vision. Nous qui pensions : « Ce n'est pas possible, ça n'arrive qu'aux autres », voici que nous étions entrés dans le domaine où tout est possible et où tout peut arriver.

C'était un pas de géant. Mais nous n'avons pas toujours pu assumer ce changement brusque de vision provoqué par la déchirure du voile de l'illusion. Notre regard ne se portait que vers le haut, le plus beau, le plus fort et, quand nous avons vu l'horreur, nous avons fermé les yeux face à cette douleur insoutenable. Nous avons nié la présence du mystère de la vie et de la mort. Ou alors, nous sommes entrés en extrême vigilance et nous avons tenté de percer l'incompréhensible tout en nous armant contre la vie elle-même. Notre regard s'est obscurci, ou contracté. Cette chute de notre paradis où nous prenions la vie, la santé et les autres pour acquis, a brouillé en nous la capacité de voir ce qui se cachait derrière l'événement choc. Nous avons alors été poussés à abandonner la vision de notre ego, qui nous incitait à regarder soit vers le passé et sa souffrance, soit vers le futur et ses conquêtes. Cette chute nous a projetés dans l'initiation.

Si nous faisions partie de ces futurs initiés, des tentures très lourdes sont tombées sur nos paupières, notre regard s'est tourné vers l'intérieur et nous sommes allés à la rencontre de la nuit noire et de nos ombres. Notre réalité intérieure et extérieure s'est présentée sous forme d'attaques, de persécutions, d'abandon et de désespoir. Seuls nos rêves nous montraient le côté obscur de nos blessures non résolues. Seuls nos rêves nous disaient qu'il existait une lumière au bout du tunnel, un filet d'amour dans notre chute vers le gouffre. Pendant ce temps, la lumière de notre âme était toujours présente, mais beaucoup trop éblouissante pour nos yeux. Notre regard avait besoin de descendre vers le bas, vers nos profondeurs. Alors, petit à petit, nos yeux se sont habitués à l'obscurité et nous avons développé la capacité de voir dans la nuit. Voir dans la nuit appartient à la vision lunaire de la réalité. Voir dans la nuit permet de voir l'autre côté d'une même réalité, la face cachée des choses, le côté obscur de la lumière. C'est ce qui nous a fait accéder au changement de position intérieure qui nous a permis d'accueillir la lumière de notre âme. C'est grâce à cette possibilité que nous sommes nés psychiquement. Notre regard sur la réalité douloureuse s'est transformé, et nous avons pu enfin accéder à un regard habité par l'énergie de nos profondeurs.

Dans notre vie après l'épreuve, notre vie de maintenant, ce regard n'est pas encore stabilisé. Il ne le sera pas tant que nous ne lui permettons pas d'être nourri par la dimension de notre âme. Car voir avec l'âme est très différent de voir avec la personnalité. Notre âme est habitée par une conscience éternelle, elle connaît le mystère de la vie et de la mort. C'est pourquoi elle peut transmettre à notre moi, notre être psychique, la profondeur et la hauteur qui permettent de lever le voile de l'illusion. L'initiation de l'épreuve nous amène à un changement de vision. À l'opposé d'une vision étriquée, nous avons la possibilité d'avoir une vision pénétrante et périphérique.

Notre regard se stabilise lorsque nous atteignons la croisée des chemins et que nous pouvons contempler la réalité à partir de la rencontre entre notre conscient et notre inconscient, notre réceptivité et nos actes, le monde visible et invisible. Quand nos yeux regardent dans la même direction, mais avec les œillères des préjugés, nous ne pouvons pas voir la beauté qui repose en toute chose, car notre vision est unidirectionnelle. Mais si nous arrivons à voir qu'en toute chose existe l'illusion de cette même chose, notre vision devient alors multidirectionnelle. De là, nous pouvons contempler notre vie. Mais que voyons-nous ? Le lien entre notre passé, notre présent et notre avenir, le lien entre ce qui est en haut et ce qui est en bas, entre ce qui est en avant et ce qui est en arrière. Nous voyons un fil conducteur qui nous relie et nous maintient en contact avec, à la fois, notre monde intérieur et le monde extérieur, notre conscient et notre inconscient et, surtout, notre vie d'avant, notre vie pendant l'épreuve et la nouvelle vie qui commence. La vision est devenue pénétrante. Nous permettons que se vive en nous une union unifiée de notre vie et de notre mission. Ainsi, l'amour peut nous pénétrer. La guérison authentique peut alors pendre place, car elle est portée par notre conscience et la connaissance plus approfondie que nous avons de notre existence.

Cette vision pénétrante et enveloppante est une vision qui rassemble nos deux yeux en un seul œil. Ce troisième œil nous permet de voir une vie consciente au-delà de l'illusion, une vie remplie d'amour au-delà de l'attachement, une vie alignée au-delà des attentes et des inhibitions. Il existe une autre façon de voir, qui est de voir avec l'union consciente des deux hémisphères, de voir à la fois le contenu et le contenant, l'intérieur et l'extérieur. Cette autre façon de voir est une autre façon de vivre. C'est dans cette vision de la vie, des autres et de nous-mêmes que nous pouvons permettre à notre âme de se réaliser. C'est ainsi, en touchant à l'éternité, que nous pouvons porter le mystère de l'existence.

Ce qui a été si violent dans le contact avec l'épreuve, ce fut de côtoyer la perte, la souffrance intolérable, la déchéance possible, la mort. Nous avons été confrontés à la fin de quelque chose qui nous était connu, quelque chose de construit, et que nous aimions. En nous s'est rompue l'illusion de l'immortalité, du bonheur éternel, du fils parfait, du mariage sans tache, du paradis sur terre…

Lorsque nous avons le courage de traverser ce voile de l'illusion, nous acquérons cette vision pénétrante des choses qui nous révèle que, même si elles s'effondrent, même si l'autre meurt, il y a continuité. Notre âme nous met en présence de l'éternité, non par le truchement d'un système de croyances fondé sur la réincarnation de la vie, non par l'entremise du désir de l'ego de maintenir à tout prix le paradis sur terre, mais par le simple vécu du quotidien. Le regard unifié nous permet de voir que dans notre vie tout est déjà présent. Nos yeux et tous nos sens sont enfin ouverts à la dimension profonde de notre conscience, de notre cœur et de nos actions. Nous accueillons les aspirations, les élans qui viennent de nos profondeurs. Notre personnalité plus transparente permet le dialogue. Là où nous avions vu la laideur, nous voyons la beauté ; là où les autres ferment leur cœur, nous voyons une façon d'apprendre, de nous connaître, et de les connaître. Comme nous ne jugeons plus la réalité des choses, nos yeux se libèrent de leurs œillères. Ils sont réunifiés en quelque chose de plus vaste, de plus enveloppant et de plus pénétrant. Lorsque nous sommes dans l'incertitude et que,

soudainement, notre vision se trouble, nous attendons de recevoir le message de notre âme. Nous maintenons notre cœur
ouvert, nous fermons les yeux et écoutons notre silence intérieur. Dans cette intimité profonde, nous restons en présence
de la vie, de l'inconnu et du mystère d'exister. Ainsi, nous
pouvons découvrir le sens caché des choses, qui ne peut être
vu ni entendu dans la quête du succès, de la réussite, de l'effi-
cacité et du devoir. Nous sommes vivants car nous avons
choisi de vivre en conscience.

*Vous avez à présent la chance de voir la vie dans toutes
ses dimensions, des abîmes aux cimes. Ces différents
niveaux coexistent. Lorsque l'expérience nous enseigne
que la nuit et les difficultés sont aussi nécessaires que le
jour et la facilité, nous commençons à percevoir le monde
d'une nouvelle façon. En permettant à toutes les couleurs
de la vie de pénétrer en nous, nous renforçons notre intégrité*[1].

---

1. Osho, « La vision nouvelle », carte tirée du tarot zen, le jeu transcendantal du Zen, *op. cit.*

2

Une nouvelle émergence psychique

Nous nous sommes réapproprié notre âme. Nous pouvons maintenant vivre en sa présence et la laisser émaner à travers le filtre de notre personnalité, nous pouvons vivre en présence de sa lumière, sans édifier des croyances spirituelles. Cette nouvelle attitude intérieure est possible parce que nous sommes déjà morts à des structures qui entravaient la communion entre les deux rives de nous-mêmes. L'émergence psychique découle de la naissance d'une dimension de notre personnalité que nous n'avons pas encore explorée consciemment. Âme et personnalité sont une même terre sillonnée par la rivière de vie de notre énergie psychique, de notre énergie vitale et de notre énergie spirituelle. Âme et personnalité sont deux rivages qui ont longtemps été séparés, dans l'expérience de notre incarnation, par la construction d'un moi qui s'est malheureusement éloigné de notre nature profonde. Il nous a fallu une ou plusieurs épreuves pour nous amener dans nos profondeurs et nous permettre de rentrer dans notre maison intérieure afin d'y vivre la traversée d'un désert. Cette traversée a été lente et douloureuse pour ceux qui n'ont pas pu y entrer, alors que pour d'autres elle a été moins éprouvante parce qu'ils avaient lâché prise et accueilli leur nuit noire. Mais nous avons tous compris, à des degrés différents, que nous devions mourir pour vivre différemment.

Nous sommes maintenant dans la subtilité de notre être que nous pouvons réépouser avec la sagesse de celui qui a connu la mort, et avec la force qui nous a été donnée à la naissance. Retrouver notre grâce, nous permettre de vivre en présence de l'inconnu est une expérience subtile. L'élan est présent, la rivière de vie coule en nous et nous nous promenons d'une rive à l'autre en nous imprégnant de notre essence. Nous pouvons relier à la légèreté de notre être ces forces instinctives qui nous ont tant bousculés. Nous émergeons psychiquement, porteurs d'une vision périphérique différente, non seulement sur les événements chocs qui nous ont fait souffrir, mais sur la vie, l'amour et la mort. L'émergence psychique est la naissance consciente de la dimension sacrée qui imprègne notre personnalité. Le filtre du moi respire à une autre vibration qu'est la lumière de l'âme. C'est un réel changement pour tous nos systèmes car nos cerveaux limbique et reptilien[1] ne sont plus activés de la même façon, ce qui influe grandement sur notre immunité et sur nos glandes. Nos systèmes entrent en autoréparation, en autorégénération, car nous nous laissons vibrer à notre lumière. Nous sommes liés, nous baignons dans l'amour par le fait même nous ne sommes plus appelés de la même façon par les événements de la vie. La vie continue, elle est inconditionnelle, elle n'attend pas notre renaissance, c'est la même vie qu'avant dans sa mouvance, mais qu'y a-t-il de différent ? Nous-mêmes. Nous sommes la différence. Vivre en présence de ce qui nous relie permet à notre intériorité de baigner dans la douce vibration de notre âme. Nous avons

---

1. Le système limbique, un groupe de structures du cerveau, joue un rôle important dans les processus relatifs à la mémoire et la gestion des émotions.

Le cerveau reptilien correspond à la partie la plus ancienne de notre cerveau. Il est responsable de l'instinct de survie de l'être humain et assure la satisfaction des besoins fondamentaux de ce dernier : eau, nourriture, chaleur, reproduction.

quitté la surface, la recherche, la performance, l'ambition, ces énergies qui alimentent l'extériorité. Nous cultivons une dimension plus profonde du détachement, de la non-attente de résultats, du lâcher-prise. Nous sommes comme l'eau. Nous sommes partout en nous. Nous habitons à la fois la surface et la profondeur.

En restant souples, nous pouvons englober les flots de l'existence[1]. Nous devenons alors un être psychique qui est l'expression d'une cohabitation de notre personnalité et de notre âme. Cette interpénétration se vit de façon cellulaire, car elle stimule en nous l'intelligence de nos fonctions. Après avoir été frappés par les forces en opposition, nos systèmes retrouvent leur fonction propre. Nous retrouvons notre équilibre et, comme le funambule, nous savons que nous pouvons chuter à nouveau pour mieux rebondir. Notre force vitale se marie à l'énergie de nos profondeurs. Se révèle alors en nous le dynamisme de notre âme. L'être psychique que nous sommes vit en présence du dialogue intérieur. Nous écoutons et nous nous laissons guider par l'action juste et alignée. Notre être psychique se laisse imprégner, et c'est ainsi que le regard que nous portons aux autres et à la vie devient un regard périphérique.

Ce vécu débute lentement. Nous pouvons en tout temps quitter cet état océanique[2] et revenir à des crispations, des tensions et des résistances. Le moi psychique n'émerge pas d'un seul coup dans toute sa splendeur et sa lumière ; il évolue et passe par un lent développement, une lente formation. Lorsque enfin nous osons vivre en présence de nos qualités intrinsèques, cela signifie que nous avons rejoint en nous l'essentiel. Bien que notre milieu puisse alors nous reprocher

---

1. Françoise Dolto, *La Difficulté de vivre*, *op. cit.*
2. Françoise Dolto, *La Vague et l'Océan – Séminaire des pulsions de mort*, Gallimard, 2003.

d'être trop doux, pas assez combatifs, trop bons, trop «baba cool», nous refusons de jouer avec les projections que l'on nous renvoie sur la façon dont nous devrions mener notre vie. Il n'y a plus d'exigences. Nous accueillons le rythme qui existe en toute chose, le rythme d'une relation, d'un projet, d'une maladie, d'un appel intérieur ou d'un changement. Nous sommes à l'écoute du monde en nous et à l'extérieur de nous. Notre personnalité s'est laissé imprégner du fluide de notre âme, et notre cœur s'est ouvert. Nous pourrons désormais nous maintenir éveillés, conscients et en contact avec le meilleur de nous-mêmes.

Vivre dans cette émergence psychique est un processus quotidien au cours duquel nous permettons à notre âme de nous guider dans notre relation à la vie. L'émergence de cette dimension plus authentique nous permet de guérir nos blessures. Notre âme devient alors notre plus grande source d'évolution et d'inspiration. Nous respirons avec elle, et ce mouvement libère ses forces cachées de vie.

Il est aisé de comprendre comment le soleil nourrit la nature. Par le soleil de son essence, notre âme nourrit notre être tout entier. Nous découvrons que nous pouvons boire à ce soleil intérieur, source intarissable de vie. Cette source est toujours là, elle fait partie des forces cachées qui n'étaient pas mises en lumière par notre personnalité. C'est seulement lorsque nous nous éveillons à la connaissance de notre âme que nous pouvons la placer au premier plan. Amener notre âme à la surface de notre vie, c'est faire d'elle, consciemment, la maîtresse de notre vie et de nos actions. Notre âme vient directement du divin et est en contact avec le divin. Vivre notre vie en amenant notre âme au premier plan, c'est nous permettre d'être nourris par un mouvement supérieur de conscience et d'action, c'est donner à notre âme le pouvoir d'influencer notre cœur, nos actions et notre corps. Plus nous lui permettons d'exister et plus nous lui cédons la place, plus elle guide nos gestes et nos actions et ce, par le biais des qualités essentielles de l'amour. Nous pouvons vivre différemment en laissant notre âme orienter notre élan et notre dynamisme vers ce qui est lumineux : le meilleur de nous-mêmes.

Nous avons connu l'obscurité et nous avons laissé l'épreuve réduire notre lumière pour pouvoir explorer des dimensions plus sombres. C'est en perdant tout, en chutant de notre tour d'ivoire que nous avons permis à notre âme de revenir à la maison. Quels sont maintenant les ressentis qui nous indiquent que nous vivons reliés à notre âme ? Comment savoir si nous vivons l'authenticité de la guérison ? Comment pouvons-nous être sûrs que nous avons changé de position intérieure ?

Nous « ressentons » notre âme grâce à l'influence subtile qu'elle exerce dans notre vie – influence aussi perceptible sur notre caractère que sur nos actions. Nous développons une sensibilité à tout ce qui est vrai, ouvert et bon. Nous vibrons aux couleurs, aux parfums, à tout ce qui est vivant. Nos sens sont déployés, non dans la recherche de l'autosatisfaction, mais dans une quête d'épanouissement, de douceur et de fluidité. Pouvons-nous aller jusqu'à dire que, contre toute attente, l'épreuve nous a donné la possibilité de recouvrer notre âme et de vivre notre vie, ici et maintenant, en sa présence et dans son déploiement ? Nous avons découvert que tout ce que nous sommes intérieurement n'est pas uniquement composé de notre ego, de notre personnalité construite, et du moi qui contrôle. Nous sommes aussi, et surtout, la conscience, l'âme. Nous sommes guidés par une force cosmique vitale, et par une force psychique qui relie nos actes, nos gestes et notre vision du monde. Nous sommes reliés en nous-mêmes et aussi aux autres. C'est ainsi que ce que nous vivons et la sagesse que nous inspirons est contagieuse. Nous sommes le réceptacle de la pensée, de l'impulsion et de l'action. Notre corps et notre personnalité ne sont qu'une vague de cet océan qui est nous. C'est ainsi que nous sommes devenus l'outil de conscience qui influence notre vie.

Là où nous pensions contrôler, nous ne le pouvons plus. Le moment n'est-il pas venu de prendre conscience que la vie est l'inconnu en mouvement perpétuel ? Nous ne pouvons éviter que des épreuves nous heurtent à nouveau et qu'elles touchent ceux qui nous entourent ; nous ne pouvons éviter de rencontrer la mort une autre fois, car les âmes, sur cette terre, viennent et repartent. Il est dès lors essentiel de nous relier aux forces profondes qui nous habitent, à notre capacité de danser dans le mouvement de la vie, en accueillant tout ce qui est. Le paradis n'est pas à l'extérieur de nous-mêmes mais en nous, dans notre façon de recevoir la vie. Nous avons le choix : nous crisper à nouveau ; nous attacher à nouveau ; revivre à nouveau le sentiment de perte. Sommes-nous souples ? Sommes-nous le roseau qui plie sous le vent ?

Dans cette émergence psychique, nous ne sommes pas parfaits, car construire une personnalité n'est pas facile. Nous sommes sur un chemin d'authenticité. Notre être psychique émerge petit à petit, en s'inspirant du dynamisme de l'âme qui nous guide vers des sentiments purs et authentiques de joie, de vitalité, de beauté et de bonté. Nous sommes invités à vivre le lumineux et le divin. Mais cela ne peut se faire sans une nouvelle rencontre avec notre humanité – soit la peur de souffrir, de mourir, de perdre et de se perdre. Prenons conscience que cette souffrance existe et que nous ne pouvons pas lui échapper. Prenons également conscience du fait que nous avons la capacité d'accueillir notre nature humaine et de la rallier à notre nature divine. Nous ne pourrons pas éliminer la souffrance de notre chemin d'individuation, ni de la conscience collective, mais nous pouvons nous accompagner, nous tenir la main lorsque nous nous brisons sur les récifs de la vie – tout comme nous pouvons accompagner l'autre et lui tenir la main.

Pouvons-nous accepter, pour nous et pour les autres, l'idée

d'un nouvel effondrement ? Il le faut, car c'est dans la nature des choses. Acceptons de rencontrer, s'il y a lieu, au quotidien, le mystère de la vie et de la mort. Lorsque nous essayons de nous protéger des changements inévitables, nous nous éloignons de notre rivière de vie, nous combattons l'irréversible. Nous pouvons puiser dans notre être psychique le courage de lâcher prise, de sourire face à de nouvelles épreuves. Nous pouvons refuser de nous prendre au sérieux dans nos réactions typiquement égotiques, et reconnaître que la vie est une voie du cœur sur laquelle nous pouvons permettre à notre âme de chanter son chant et d'amener sa vision. Nous sommes des alchimistes et, ensemble, nous pouvons reconnaître qu'en nous se vit un mystère. Plus nous avançons dans la vie, plus souvent nous rencontrons ce mystère. Nous pouvons l'épouser, ce mystère, et cesser de nous battre ou d'aller à contre-courant, et reconnaître que nous sommes profondément unifiés, reliés. Nous découvrons et apprivoisons alors notre pouvoir de transmutation. Tel un alchimiste qui intervient sur la matière dense qu'il a structurée, nous agissons de telle sorte que notre vie porte les couleurs de l'espoir, de l'amour et de l'authenticité.

3

L'intégration et l'intégrité

Comment se sort-on de l'épreuve ? Avons-nous réellement procédé à un changement dans notre vie ? Sommes-nous des êtres différents ? Avons-nous une plus grande connaissance de nous-mêmes ?

Vivre cette mort et cette renaissance peut sembler magique. Nous sentir vivants dans notre être psychique en présence de notre âme peut nous donner l'impression de détenir la clé du bonheur. Il est vrai que ressentir la présence de notre lumière est un moment de pure félicité.

Un danger menace cependant ceux et celles qui ont vécu la mort et la renaissance du Phénix et qui ont eu le courage de lutter pour parvenir à une guérison authentique de leur être. Ce que nous avons vécu a été si intense – la chute, la nuit noire, la mort, la renaissance et la guérison – que nous avons pu développer le réflexe de nous nourrir de cette intensité. Vivre d'intensité équivaut à se nourrir de ce qui est éprouvant dans le but de donner une nourriture, une matière à notre quête. Il n'est pas nécessaire d'appeler à nous les épreuves pour grandir. Nous pouvons grandir sans recevoir des briques sur la tête ! Pour certains, le chemin d'individuation semble être parsemé d'épreuves, alors que ce n'est pas le cas pour d'autres. Ce qui ne veut pas dire qu'il n'est pas possible de se réapproprier son âme et de partager l'amour.

Un autre danger qui menace ceux et celles qui ont connu ce chemin de transmutation est de ne pas assumer totalement le changement que la vie les invite à vivre. Ceux qui n'assument pas le changement retournent petit à petit à leur vie d'avant, à leur confort, à leur fausse sécurité et à leur peur d'être différents.

Sans compter le danger d'enfermer ce changement de vie dans des systèmes de croyances. On lui donne alors une étiquette, on lui fixe une couleur et une fausse identité, on tente d'emprisonner ce grand mouvement de vie. On se prend pour des miraculés, des « élus ».

Tous ces dangers sont possibles, et bien d'autres, car vouloir se fixer à quelque chose, vouloir retenir le mouvement ou tenter de le contrôler est un vieux système réflexe de notre personnalité dans sa fonction propre.

Il y a eu la vie d'avant, la vie pendant, et la vie d'après. Cette vie d'après, à quoi ressemble-t-elle ? Ce qui est merveilleux, c'est que la vie n'attend pas que nous ayons terminé l'intégration de l'épreuve pour poursuivre son mouvement. Alors, le quotidien devient notre plus grand terrain d'exploration et d'intégration. Notre quotidien devient le véhicule de notre apprentissage et de notre transmission. Nous sommes le lien. Nous sommes, dans l'expérience, à la fois le sujet et l'objet. Pouvons-nous tout simplement entrer dans l'expérience existentielle ? Être ? Être en présence de nous-mêmes, être inspirés par la beauté d'exister, témoins du mouvement de nos marées intérieures et des marées du monde extérieur. Quel est le sens de ce que nous venons de vivre ?

Ce sens était déjà là, dans l'énergie de nos profondeurs. C'est l'épreuve qui nous a mis en sa présence. La vie qui est là, devant nous, derrière nous, en haut, en bas, tout autour de nous est remplie de cette même conscience qui nous a toujours accompagnés et nourris, et l'épreuve que nous avons rencontrée l'a stimulée. Nous aurions pu en mourir ou en devenir malades – jusqu'à en mourir. Cela est tout aussi respectable que de choisir de vivre autrement. Il n'y a pas de ligne de conduite face à l'épreuve, car le choix ultime qui réside en chacun de nous est d'en vivre ou d'en mourir.

Intégrer les grands bouleversements d'une vie peut prendre une vie entière. En revanche, vivre en présence de son âme demande un temps d'intégration. Vivre autrement exige de nous une authenticité dans le quotidien – cette authenticité qui est un rendez-vous avec nous-mêmes. Réintégrer son âme, ressentir sa présence de façon quasi palpable peut être bouleversant. Cette vision périphérique de la vie et de la mort s'explore petit à petit, c'est un processus très physique qui requiert une sagesse du corps et de la psyché, une écoute active de soi, et des outils pour se maintenir en équilibre. Notre âme a besoin du moi et du corps pour s'exprimer en ce monde. Notre être psychique est ce filtre transparent qui permet l'expression du mystère que nous portons, et qui est dans tout. Vivre en présence de ce mystère demande une intégration de notre passé, une guérison de notre cœur et une pacification de notre vie.

Le « ça n'arrive pas qu'aux autres » est un leitmotiv qui sera de plus en plus souvent utilisé par les habitants de notre planète. Notre monde est en crise, les épreuves abondent. Ne tentons pas de résister à ce mouvement. Dans notre monde en évolution, nous serons de plus en plus souvent les témoins de réactions devant l'épreuve et d'actes accomplis face à l'incommensurable. La réaction à l'épreuve est personnelle, mais elle est aussi transpersonnelle, c'est-à-dire qu'elle se situe au-delà du personnel. Nous avons la possibilité d'agir en conscience par l'entremise de notre propre expérience existentielle.

Nous sommes susceptibles de côtoyer des gens qui vivent des épreuves – comme la perte d'un conjoint, d'un enfant, d'une maison, d'une terre, d'un emploi. Tout leur a été enlevé. Comment les aider ? Nous qui avons connu ce type d'expérience, comment pouvons-nous aider ceux et celles qui éprouvent une souffrance intolérable ? Le choix est simple : aimons-les, évitons de nous nourrir de leur peur, restons centrés dans la vibration des cœurs, laissons émaner de nous nos qualités intrinsèques. Si nous ne savons pas ce que l'évolution de la vie sur terre nous réserve, nous pouvons nous aligner sur un monde meilleur et faire en sorte que ce regard nouveau sur la vie soit contagieux. Sommes-nous prêts à nous maintenir à la fois ouverts et disponibles, souples et centrés en présence de nos profondeurs et dans le partage de notre conscience ?

Dans l'épreuve, nous avons rejoint une marée humaine de souffrance, dont nous nous étions protégés jusque-là dans notre tour d'ivoire. Nous avons été touchés par l'humanité et par notre humanité. Nous avons plongé dans l'obscurité et nous avons rencontré ces ombres qui sont présentes en chacun de nous. Trop grande est la souffrance planétaire. À l'image de notre monde intérieur, les vibrations d'ombre et de lumière sont de plus en plus présentes sur notre planète bousculée par des forces en opposition. Le ressentiment du cœur, la haine, le désespoir, le désir de mourir sont des réactions aux épreuves qui frappent l'humanité. Ces réactions sont naturelles, en ce sens qu'elles font partie de notre humanité.

Le partage, la compassion, la joie, la nourriture de l'âme, la communication peuvent nous aider à affronter l'insoutenable. Ceux d'entre nous qui ont uni leurs forces d'ombre à leur lumière ont commencé à entendre le chant de leur âme. Cette dimension personnelle et universelle peut être transmise. Tout comme la douleur se transmet de génération en génération, nous pouvons à notre tour agir pour que l'amour devienne contagieux chez les générations futures.

Nous pouvons communiquer cette reconnaissance de l'âme à ceux et à celles qui souffrent et qui se perdent dans leurs réactions face à l'épreuve. Nous pouvons aussi continuer à nous aider, car aider l'autre, c'est nous aider en communiant d'âme à âme, de cœur à cœur, de corps à corps. Prendre la main, écouter, recevoir, faire un geste, offrir un regard, sourire, dire le mot qui apaise sont des rituels cent fois plus puissants que la haine.

Nous qui avons levé le voile de l'illusion et qui savons que derrière la souffrance existe une intime connaissance de la profondeur de la vie, que derrière la douleur existe une puissance vitale qui insuffle le courage de changer, nous pouvons aider les autres à vivre en présence du mystère – ce mystère qui existe en toute chose. Tenir la main de celui qui souffre comme nous avons déjà souffert, c'est nous relier à lui tout en l'invitant à entrer dans la profondeur de ce qu'il vit. Soutenir le regard de celui ou de celle qui a tout perdu lui insuffle le courage de s'élever malgré l'intolérable.

Connaître l'épreuve et la dépasser nous élève dans une lumière intérieure qui jaillit de la connaissance de nos profondeurs. Autant nous sommes allés bas, autant nous pouvons aller haut. Ce qui est important est le milieu, ce point de rencontre d'où nous pouvons laisser émaner notre âme.

Nous pouvons à nouveau retrouver l'innocence inspirée par la sagesse du vécu et de l'expérience – cette innocence qui fait que nous ne jugeons plus l'autre, que nous ne tentons plus de lui imposer nos valeurs ; cette innocence qui permet de reconnaître que la beauté existe en tout ; cette innocence qui éclaire notre émerveillement devant la mort et la naissance, devant la vie qui anime le corps, devant l'âme qui insuffle l'énergie de la conscience.

Sortir de l'épreuve n'est pas un gage de bonheur, non, c'est un gage de maturité, d'intégration et de retour à soi. En reconnaissant que nous sommes responsables, nous devenons les acteurs de notre vie et nous abandonnons la réaction pour vivre dans l'action.

Une autre manière de vivre est de vivre en présence non

pas du passé et du futur, mais du présent. Bâtir des rêves, des projets, sans trop s'y attacher, aimer sans attendre, donner sans vouloir recevoir, se connaître tout en se découvrant comme au premier jour de conscience, se souvenir tout en oubliant, tout cela est pareil à vivre sans mordre dans la vie, à vivre sans vouloir la posséder.

Existe-t-il une autre façon de vivre ?

Ce qui existe, c'est vivre, et vivre est un mouvement de conscience, vivre est un mouvement de courage, vivre est un mouvement de rencontre, vivre est un mouvement d'intégrité. Intégrons notre vie et tout sera possible. Habitons notre vie et laissons la vie nous habiter.

L'épreuve nous libère et que faisons-nous de cette liberté ? L'épreuve nous vide, mais que faisons-nous de cette vacuité ? C'est un moment crucial : comment vivons-nous notre vie après l'épreuve, après nous être réapproprié notre âme, après nous être guéris de notre passé et affranchis de l'esclavage de l'épreuve ? Où allons-nous aller ?

Allons-nous entrer dans une autre « façon d'être » pour nous façonner de nouveau ? Avons-nous la capacité de nous maintenir dans l'amour libre et détaché ? Allons-nous répondre à l'appel de notre âme ? C'est en vivant que nous pourrons répondre à ces questions, car il n'y a pas de manuel d'instruction, il n'y a pas de clé magique. Certes, nous pouvons permettre à des systèmes de croyances de remplir l'espace vide. Nous pouvons aussi vivre une liberté débridée, mais cette liberté ne serait qu'une fuite en avant. Nous pouvons vivre le faux détachement, ce détachement qui nous donne toutes les raisons du monde de ne pas nous engager.

Poursuivre différemment notre existence exige que nous nous ouvrions à l'incommensurable et que nous acceptions d'intégrer la connaissance de nous-mêmes qui nous a été révélée par notre guérison authentique... et la vie continuera.

Répondre à l'appel de notre âme, nous ouvrir de nouveau à sa dimension, permettre à la grâce de nous habiter est merveilleux… et la vie continue. Vivre est une entreprise délicate. Rien ne garantit que le bonheur va durer et que l'épreuve ne viendra pas frapper à nouveau à notre porte. Vivre en conscience, savoir que « tout est possible » est un long périple que bien d'autres avant nous ont vécu. Combien de pèlerins visitent chaque année des lieux sacrés afin de prier en présence d'une divinité ? L'épreuve nous met en présence de notre graal intérieur, qui est cette quête de compréhension de la dimension profondément divine de notre nature humaine. Relier en nous l'humain au divin est l'histoire de toute une vie. Habitons notre vie et laissons la vie nous habiter.

Habiter notre vie, reconnaître qu'elle nous a été prêtée à notre naissance comme un lieu d'évolution. Nous pouvons soit gérer ce potentiel de vie reçu à la naissance, soit galvauder notre force vitale, la semer à tout vent et nous épuiser de vivre, soit la régénérer afin qu'elle serve notre évolution et nos accomplissements sur terre.

Si nous laissons la vie nous habiter, nous lui permettons, tout comme l'eau, de nous pénétrer, de nous guider. Nous perdons alors le contrôle et nous la laissons nous conduire là où elle veut bien nous mener. Nous reconnaissons son mystère et sa dimension inconditionnelle, nous recevons sa sagesse profonde et nous lui donnons le pouvoir de nous enseigner.

Certes, les deux positions peuvent plaire, mais elles peuvent rapidement devenir inconfortables car nous ne pouvons contrôler la vie, et nous ne pouvons pas la laisser nous contrôler. Maintenir l'une ou l'autre position nous fixerait soit dans le contenant, soit dans le contenu. Nous sommes l'outil, mais nous sommes aussi la conscience qui habite l'outil ; nous sommes à la fois le contenu et le contenant. Dans le mouvement de la vie et de la mort, il y a un centre, et c'est de ce centre que nous pouvons contempler le tout. C'est de là que tout rayonne, et c'est là que tout revient. Là, est notre conscience ; là est le lieu où nous vivons.

À l'image des maîtres derviches[1], nous pouvons danser en tournant autour du centre. Nous pouvons danser avec la vie et la mort, sans risquer de tomber, car en dansant autour du centre nous touchons la terre et le ciel, et nous partageons notre cœur et notre conscience.

---

1. On donne communément, en Occident, en raison de leur danse caractéristique (ils tournent sur eux-mêmes), le nom de derviches tourneurs aux membres de la confrérie des Mawlawi [...] Ils dansent en étendant leurs bras comme des ailes, la main droite tournée vers le ciel pour y recueillir la grâce, la gauche vers la terre pour l'y répandre (Eva de VITRAY-MEYEROVITCH, in *Dictionnaire de l'Islam, religion et civilisation*, Encyclopædia Universalis, Albin Michel, 1997.

Conclusion

Assise sous un mûrier en Corse, je vous écris en contemplant la Méditerranée. Depuis mon épreuve, en l'an 2000, je suis allée à la rencontre de moi-même en publiant trois livres, en déménageant neuf fois et en voyageant de par le monde pour y donner des conférences sur la vie, sur le pouvoir de guérison et sur l'amour. Lorsque je donnais ces conférences, je parlais évidemment à la partie de moi-même qui souffrait, et que je retrouvais le soir dans la solitude de ma chambre d'hôtel. Dans ce face-à-face avec ma souffrance et avec l'amour que j'ai reçu du public et de mes lecteurs, j'ai écrit le journal qui petit à petit a inspiré ce livre. L'amour que j'ai rencontré m'a portée comme une vague de vie et une vague de conscience. À travers mon quotidien, j'ai médité sur ce mouvement implacable de la grâce sauvage qui, brutalement, balaie notre vie, et j'ai vécu, dans ma chair et dans mon âme, tout ce qui est écrit dans cet ouvrage. Le dialogue avec mon monde intérieur et mon âme m'a aidée à vivre en présence du mystère qui repose en tout ce qui est vivant. J'ai pratiqué le détachement et j'ai respiré le moment qui passe.

Depuis l'an 2000, je suis une nomade et une citoyenne du monde. J'ai certes un domicile fixe qui est ma terre intérieure : je m'habite, j'habite la vie et je laisse la vie m'habiter. Elle me prête des lieux magnifiques pour écrire, pour méditer, pour enseigner et pour y déposer mon âme, le temps d'un souffle, le temps d'un dialogue avec mon monde intérieur.

J'ai appris que ce qui a disparu a disparu, et j'ai compris que l'attachement me maintenait dans « hier et jadis » et me laissait le cœur froid et les mains vides. J'ai appris à laisser les êtres et les choses s'en aller – comme la vague qui se retire.

Nous avons le choix de vivre. La joie est là, omniprésente. Collaborons avec nous-mêmes et avec les autres.

Il est temps d'agir, il est temps d'aimer et de nous aimer.

Remerciements

Je remercie les témoins de ce livre et leur famille, Odette Côté pour sa collaboration à la recherche, et mes éditeurs qui, tout au long du processus d'écriture, m'ont soutenue avec patience et donné des conseils forts judicieux. Je remercie Paule Noyart pour sa collaboration dans la révision du manuscrit.

Table des matières

Direction éditoriale : Laure Paoli
Suivi éditorial : Caroline Pajany

Composition : IGS-CP
Impression : Imprimerie Floch, novembre 2009
Éditions Albin Michel
22, rue Huyghens, 75014 Paris
www.albin-michel.fr

ISBN 978-2-226-18774-1
N° d'édition : 18702/02. N° d'impression : 75231.
Dépôt légal : octobre 2009.
Imprimé en France